사도신경

: 믿음의 알짬

사도신경: 믿음의 알짬

2014년 7월 30일 초판 1쇄 발행
2022년 6월 23일 초판 3쇄 발행

지은이   손호현
펴낸이   김영호
펴낸곳   도서출판 동연
등록번호   제1-1383호(1992년 6월 12일)
주소   서울시 마포구 월드컵로 163-3
전화/팩스   (02) 335-2630/(02) 335-2640
이메일   yh4321@gmail.com
인스타그램   https://www.instagram.com/dongyeon_press

Copyright ⓒ 연세대 한국기독교문화연구소, 2014

ISBN 978-89-6447-234-7 03200
ISBN 978-89-6447-230-9 03200(세트)

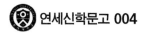
연세신학문고 004

사도신경
: 믿음의 알짬

손호현 지음

동연

머 리 말

사도신경은 '신앙의 동전'과도 같다. 철학자 플라톤은 인간의 운명을 둘로 나누어진 동전의 반쪽들에 비유하며 원래 자신에게 속한 다른 반쪽을 찾아 나선다고 하였다. 마찬가지로 사도신경은 기독교인이 자신의 신앙을 공개적으로 고백하며 믿음의 내용을 함께 맞추어볼 때 사용하는 일종의 공통의 증표이다. 세례를 받기 전에 우리는 사도신경의 내용을 믿는지의 질문을 받게 되고, 거기에 긍정적인 대답을 할 때 신앙의 동전 반쪽들이 마침내 맞추어져서 온전한 기독교인으로서의 정체성이 탄생하게 되는 것이다. 그렇기에 사도신경을 올바르게 이해하는 것은 매우 중요하다. 이 책의 목적은 기독교인을 기독교인이게 하는 신앙의 내용은 무엇인지를 알기 쉽게 해설하는 데 있다.

세계는 하나님을 배고파한다. 신에 대한 배고픔과 허기짐이 어찌 종교인만의 문제이겠는가. 인간의 중심에 자리한 텅 빈, 그래서 빈혈처럼 어지러운, 허기짐은 신이 아니고서는 채울 수 없을 만큼 크게 괴물처럼 자라나고 있다. 그래서 필자는 이 글이 기독교인만이 아니라 다른 종교가 있거나 종교가 없는 사람들에게 작은 생각의 빵부스러기라도 될 수 있기를 희망하며 썼다.

거인의 어깨 위에 앉은 난쟁이처럼 모든 이는 자신 앞을 걸어간 위대한 사상가들에게 갚을 수 없는 사유의 빚을 지고 있다. 하지만 이 글에서는 손쉬운 독서를 위해 참고한 저술들을 대부분 밝히지 않았다. 특히 한국에 평신도를 위한 신학 소개서가 꼭 필요하다며 연세신학문고 시리즈를 기획하시고 재정적 후원까지 아끼지 않으신 '참 멋있으신 스승님' 소금(素琴) 유동식(柳東植) 선생님께 난쟁이 제자가 몸 숙여 절을 올린다.

2014년 一山에서

손호현

차 례

머리말   5

1. "나는 전능하신 아버지,
   천지의 창조주 하나님을 믿습니다"   11
   사도신경의 기원: 세례 문답   12
   사도신경의 뜻: 신앙의 동전   16
   조용한 고독으로의 초대   18
   종교적 믿음을 가지는 것은 이성을 포기하는 것인가?   20
   자연과학과 종교: 사실과 사실의 깊이   23
   신에 대한 배고픔: 신의 존재를 어떻게 증명할 수 있나?   27
   전능하신 아버지: 고백과 침묵   37
   천지의 창조주: 빅뱅과 미켈란젤로   43

2. "나는 그의 유일하신 아들,
   우리 주 예수 그리스도를 믿습니다"   51
   예수는 그리스도이다   52
   하나님의 외아들, 우리 주   54
   임금과 하녀: 왜 하나님은 인간이 되셨는가?   56

3. "그는 성령으로 잉태되어
   동정녀 마리아에게서 나셨습니다" 61
   예수의 아버지는 성령?   62
   예수의 Y염색체는 어디에서 왔는가?   64
   종교 전체가 기적 이야기이다   66
   마리아: 비천한 처녀, 그러나 하나님을 담은 자   70

4. "본디오 빌라도에게 고난을 받아
   십자가에 못 박혀 죽으셨고 묻히셨습니다" 75
   누가 예수의 죽음에 책임이 있는가? 76
   십자가와 연꽃 79
   십자가 위의 바뀐 고깃덩어리 81
   아우슈비츠의 십자가, 조선의 십자가 86

5. "지옥에 내려가셨으며 사흘 만에
   죽은 자 가운데서 다시 살아나셨습니다" 91
   한국에는 없는 지옥? 92
   지옥의 역사 94
   지옥까지 내려온 사랑: 저승, 죄인의 지옥, 현재의 지옥 95
   부활이 주장하는 것과 주장하지 않는 것 98

6. "하늘에 오르시어 전능하신
   하나님 우편에 앉아 계십니다" 107
   소련의 인공위성 108
   천상병의 〈귀천〉 110
   하나님의 오른편에 계신 예수 111

7. "거기로부터 살아 있는 자와 죽은 자를
   심판하러 오실 것입니다" 113
   심판자 예수 114
   악의 얼굴 116
   신은 보복하지 않는다: 지옥은 영원한가? 119

8. "나는 성령을 믿습니다"   125

언어의 그물로 잡을 수 없는 바람 같은 분   126
필리오케 논쟁   128
아우구스티누스와 바닷가 소년   129
스테반의 삼위일체 체험: 우리 위에, 우리를 위해, 우리 안에 계신 하나님   131
우리에게 성령은 어떤 분인가?   133

9. "거룩한 공교회와 성도의 교제를 믿습니다"   139

교회를 믿습니다?   140
교회는 거룩한가?   142
교회는 보편적인가?   145
교회 밖에는 구원이 없는가?   147
성도의 교제: 세 가지 의미   153

10. "죄를 용서 받는 것을 믿습니다"   157

용서의 세례   158
무엇이 죄인가?   161
용서할 권리는 누구에게 있는가?   164

11. "몸이 부활하는 것을 믿습니다"   169

기독교인은 정말 몸의 부활을 믿는가?   170
영혼의 무게는 21그램인가?   171
몸의 부활을 믿는다면 화장(火葬)을 할 수 있는가?   176
몸의 부활을 믿는다면 장기이식을 할 수 있는가?   180

12. "영원히 사는 것을 믿습니다"   187

몸의 부활은 이미 영생이 아닌가?   188
천국은?   190
천국의 거부자들   194
되돌아감으로서의 종교   197

1

"나는 전능하신 아버지,
천지의 창조주 하나님을 믿습니다"

Credo in Deum

Patrem omnipotentem

creatorem caeli et terrae

사도신경의 기원: 세례 문답

대략 1500년이 넘도록 기독교인은 사도신경으로 자신의 신앙을 고백해왔다. 사도신경(使徒信經, Apostles' Creed)이라는 이름은 오순절 이후에 성령의 임재를 체험한 열두 사도가 각각 한 가지씩 고백한 12가지 항목을 함께 모은 것이라는 전설에서 유래했다. 사도신경의 기원에 대한 전설은 이렇다.

주님이 승천하신 지 열흘이 지났으며 제자들은 유대 사람들을 두려워하여 함께 모여 있었다. 이때 주님께서는 약속하신 성령을 그들에게 보내셨다. 성령이 임재하자 그들은 마치 불에 달군 쇠처럼 뜨거워졌고 온갖 언어들을 말할 수 있게 되었으며 신경을 함께 만들었다. 베드로가 먼저 "나는 전능하신 아버지, 천지의 창조주 하나님을 믿습니다"라고 했다. 안드레는 "나는 그의 유일하신 아들, 우리 주 예수 그리스도를 믿습니다"라고 했다. 야고보는 "그는 성령으로 잉태되어 동정녀 마리아에게서 나셨습니다"라고 했다. 요한은 "본디오 빌라도에게 고난을 받아 십자가에 못 박혀 죽으셨고 묻히셨습니다"라고 했다. 도마는 "지옥에 내려가셨으며 사흘 만에 죽은 자 가운데서 다시 살아나셨습니다"라고 했다. 알패오의 아들 야고보는 "하늘에 오르시어 전능하신 하나님 우편에 앉아 계십니다"라고 했다. 빌립은 "거기로부터 살아 있는 자와 죽은 자를 심판하러 오실 것입니다"라고 했다. 바돌로매는 "나는 성령을 믿습니다"라고 했다. 마태는 "거룩한 공교회와 성도의 교제를 믿습니다"라고 했다. 시몬은 "죄를 용서 받는 것을 믿습니다"라고 했다. 다대오는 "몸이 부활하는 것을 믿습니다"라고 했다. 맛디아는 "영원히 사는 것을 믿습니다"라고 했다.■

하지만 이것은 역사화된 경건한 전설이다. 실제로 사도신

■ J. N. D. Kelly, *Early Christian Creeds*, 3rd ed. (New York: Longman, 1972), 3. 켈리는 이러한 전설이 8세기경의 작품이라고 추정한다.

경이 열두 사도에 의해 직접 만들어졌다고 볼 수는 없고 훨씬 후대의 작품으로 보아야 한다. 이러한 전설이 생긴 이유는 예수의 제자들로 이루어진 초대 교회와 각 시대의 교회 사이에는 동일한 신앙이라는 끊어질 수 없는 연속성이 있다는 것을 강조하기 위해서였다.

역사적으로 볼 때 사도신경은 그 기원에 있어 초대 교회의 세례문답과 관련이 있다. 마태복음 28장 19절에 따르면 부활하신 예수는 모든 민족들을 제자로 삼아 아버지와 아들과 성령의 이름으로 세례를 주라고 한다. 그래서 2-3세기 무렵부터 사람들은 기독교인이 되는 가입의식으로 세례를 받을 때 세 가지 질문을 받았다. "당신은 만물의 주재자이시며 아버지이신 하나님을 믿습니까?" "당신은 하나님의 아들 예수 그리스도를 믿습니까?" "당신은 성령을 믿습니까?" 그들은 세 가지 물음에 매번 "나는 믿습니다"라고 대답하며, 매번 대답 후에는 물에 들어가면서 세례를 받았다. 물속에 잠기며 자연인으로서의 자신의 죽음을 경험하고, 다시 수면 위로 떠오르며 기독교인으로서의 새 생명의 부활을 경험한 것이다. 이러한 세례문답의 내용은 4세기에 와서는 질문과 대답의 형식을 벗어나 직설적 진술의 형식으로 변하게 되고, 5세기에 비로소 완결된 신앙 고백문의 형태를 띠게 된다. 대략 400년경을 전후로는 사도신경이라는 이름과 사도신경의 사도적 기원에 대한 전설도 생겨났다. 사도신경의 텍스트는 교부들마다 조금씩 차이가 났지만 750년에 피르미니우스(Pirminius)의 텍스트가 공인된 본문(*Forma Recepta*)으로 서방교회에서 인정받게 된다. 그리고 10세기에 와서 신성로마제국의 첫 황제 오토 대제가 세례식 때 니케아-콘스탄티노플 신경 대신에 사도신경을 자기 치하의 제국 전체에서 사용하도록 하였다. 이처럼 사도신경의 신앙 고백은 오랜 세월 동안 다듬어지고 완성되어 지금은 기독교 신앙의 핵심적인 요약으로 가톨릭교회와 개신교회에서 모두 받아들여지게 된 것이다. 동방 정교회는 니케아 신경만을 받아들인다.

종교개혁자 마틴 루터는 1535년의 한 설교에서 마치 꿀벌들이 꽃에서 꿀을 채취하듯이 사도신경은 성경 전체의 내용을 모아놓은 것이라고 했다. "벌이 온갖 아름다운 꽃들에게서 꿀을 모으듯, 사도신경은 어린이들과 일반 신자들을 위해 성서 내용 전체, 사랑하는 예언자들과 사도들의 글들을 아름답게 잘 모아서 요약해놓은 것이다." 즉 사도신경은 단지 기독교인의 주관적 신앙이 아니라 성경의 증언에 기초하고 있다는 것이다.

사도신경의 뜻: 신앙의 동전

사도신경의 원래 이름은 "사도들의 상징(*Symbolum Apostolorum*)"이다. 390년에 암브로시우스가 중심적 역할을 하고 있던 밀라노의 공의회가 교황 시리키우스에 보낸 편지에서 이 말이 최초로 사용되었다. "만약 당신이 사제들의 가르침을 믿지 못한다면 …… 최소한 로마 교회가 항상 보존해왔고 신성한 것으로 여겨온 사도들의 상징은 믿으라." 왜 일찍부터 기독교인들은 자신의 신앙 고백을 "상징"이라는 말로 표현한 것일까? 고대에서 상징의 의미를 이해하기 위해서는 플라톤의 『향연』에 나오는 한 부분을 볼 필요가 있다. 여기서 플라톤은 인간의 운명을 두 개로 나누어진 동전의 반쪽들에 비유한다.

우리 모두는 마치 아이들이 약속의 기념으로 둘로 나눈 동전의

반쪽들과도 같은 존재이다. 우리 각자는 자신과 들어맞을 반쪽
을 영원히 찾고 있는 것이다.

(*Symposium*, 191d)

여기서 각각의 반쪽은 원래 자기에게 속했던 다른 반쪽의
"상징" 혹은 "증표"라고 불린다. 사랑의 결핍으로 인해 인간은
자신에게 들어맞는 반쪽을 찾아 나서게 되며, 잃어버린 자신
의 짝을 찾았을 때 마치 동전의 반쪽을 맞추어보듯이 서로를
확인하게 된다는 것이다. 여기서 상징의 가장 근원적인 의미
는 '함께 맞추다' 혹은 '서로 들어맞다'는 뜻을 가진 "공통의 증
표(證票)"라는 것을 우리는 알 수 있다.

나누어진 조각들이 모여야 온전한 동전이 되고, 인간은 자
신의 짝을 찾아야 온전하게 된다. 이러한 공통의 증표로서의
상징에 대한 생각은 일찍부터 기독교 지도자들에 의해 받아들
여졌다. 바로 사도신경이 열두 사도의 신앙 고백으로 이루어
진 기독교의 독특한 증표라는 것이다. 마치 전쟁에서 아군과
적군을 구별하기 위해 미리 정한 암호를 묻고 대답하듯이, 사
도신경은 기독교인의 공동체와 정체성을 드러내는 신앙의 암

호 혹은 신앙의 동전과도 같다. 루피누스(Rufinus)에 따르면, "한 나라의 내전에서 양측의 갑옷은 유사하고, 언어는 똑같고, 전쟁을 수행하는 방식도 동일하기 때문에, 각각의 장군은 반역자를 경계하기 위해 자신의 병사들에게 독특한 상징 혹은 암호(라틴어로 *signum* 혹은 *indicium*)를 수여한다. 어느 편에 속한 자인지 의심이 될 경우에, 그 자에게 상징 혹은 암호를 물어봄으로써 그가 아군인지 적군인지가 드러나게 되는 것이다." 플라톤이나 루피누스의 설명에서처럼 세례문답에서 세례를 주는 자가 "당신은 믿습니까?"라고 질문하고 세례를 받는 자가 "나는 믿습니다"라고 응답할 때, 이러한 신앙의 동전 반쪽들 혹은 기독교인의 암호는 함께 맞추어져서 하나의 온전한 신앙이 되는 것이다. 사도신경은 일종의 신앙의 동전 혹은 신앙의 암호와도 같다.

조용한 고독으로의 초대

고독하지 않은 사람은 종교를 모른다. 신앙의 동전은 한 면이 아니라 양면을 가지고 있기 때문이다. 그것은 교회의 공적인 고백이면서 동시에 아무도 대신할 수 없는 고독한 개인의 비밀스러운 그러나 궁극적인 결단이다. 그래서 325년 기독교인의 가장 처음 신앙 고백인 니케아 신경에서는 "우리는 믿습니다"라는 말로 시작하고 있는 반면, 좀 더 후대의 신앙 고백인 사도신경은 "나는 믿습니다(*Credo*)"라는 하나님 앞에서의 절대 고독의 말로 시작한다. 타인이 아닌 내가 믿는 것이다. 사도신경은 한 치의 머뭇거림도 없이 가장 본질적인 물음에 자신을 직면하게 만든다. 20세기 영국의 철학자 화이트헤드는 "개인이 자신의 고독을 가지고 하는 일이 바로 종교다"라고 했다. 그래서 타인의 검열이나 자기합리화의 필요가 없는 조용한 고독 속에서 스스로에게 물어본다. 믿는다는 것은 무슨 뜻인가? 정말 나는 믿는가? 사도신경의 모든 내용을? 내가 믿고자 해서 믿을 수 있는 것인가? 나는 믿고자 하는 나를 믿을 수 있는가? 나에게 정말 그러한 능력이 있는가?

나는 나를 믿지 않는다. 신앙은 자신에 대한 신뢰가 아니다. 사도신경의 제일 처음 구절에서 "나는 하나님을 믿습니다"라고 고백할 때, 그것은 하나님을 믿으려는 자신의 의지를 신뢰한다는 말이 아니다. 나는 나의 신앙이나 혹은 나의 불신앙도 전적으로 신뢰하지는 않는다. 스위스의 신학자 칼 바르트는 무신론자들에게 자신의 불신앙을 너무 심각하게 받아들이지 말라고 충고했다. 무신론자들이 자신의 불신앙을 너무 철저하게 믿는다는 것은 유신론자들이 자신의 신앙을 너무 철저하게 믿는다는 것처럼 지나친 자기신뢰이며 자기우상화이다. 신앙은 철저하게 신에 대한 신뢰이다. 신의 보살핌 안에 있는 자신을 신뢰하는 것이다. 신앙이라는 선물은 재촉하지 않고 기다려야 한다. 고독한 자만이 신 안에서 살고자 한다. 고독한 슬픔 속에서 무한을 직면하는 것이 신앙이다. 그것은 슬퍼하는 자의 이유 없는 용기이다. 일본의 지성인 야나기 무네요시(柳宗悦, 1889-1961)는 3·1운동에서 고난 받는 조선의 슬픔을 보며 이런 말을 남겼다. "힘 있는 자는 자기 안에서 살고, 즐거운 자는 자연 안에서 살지만, 슬퍼하는 자는 오직 신 안에서 산다."

종교적 믿음을 가지는 것은 이성을 포기하는 것인가?

"나는 믿습니다"라고 고백하는 것이 곧 "나는 생각하기를 그칩니다"고 말하는 것일까? 물론 아니다. 프랑스에서는 대학을 가려면 바칼로레아(Baccalaureat) 시험을 봐야 한다. 1997년 출제된 바칼로레아 논술시험에는 이런 문제가 있다. "종교적 믿음을 가지는 것은 이성을 포기한다는 걸 뜻하는가?"

영국의 철학자 존 로크가 이 질문을 대답하는 데 유용한 구분을 제공하고 있다. 그는 이성과 신앙의 관계를 세 가지로 나누고 있다: 1) "이성에 대립하는(contrary to reason)" 신앙, 2) "이성과 합치하는(according to reason)" 신앙, 3) "이성을 초월하는(above reason)" 신앙이 그것이다.

첫째로, 가령 마술적인 풍습이나 미신적 기대는 이성에 대립하는 신앙이다. 독일의 문호 괴테의『파우스트』에 등장하는 악마 메피스토펠레스는 이렇게 유혹한다. "오직 이성과 학문을, 인간의 가장 지고한 능력을 경멸하라!" 둘째로, 우주의 신비스럽게도 정교한 수학적 질서에서 초월적인 신의 존재를 찾으려는 시도는 이성과 합치하는 신앙이다. 프랑스의 계몽주의자 볼테르는 우주의 질서에 기초해서 이러한 질서를 설계한 지성적 존재인 "시계공" 하나님이 존재한다고 주장했다. 마지막으로, 임마누엘 칸트가『순수이성비판』에서 이성의 한계를 비판하며 인간의 자연과학적 지식 너머에 신앙의 자리를 마련한 것은 이성을 초월하는 신앙에 해당한다. "네가 만일 하나님을 이해했다면, 그것은 하나님이 아니다"(*Si enim comprehendis, non est Deus*)라고 위대한 기독교 신학자 성 아우구스티누스는 말한다. 이처럼 이성과 신앙은 다양한 관계를 맺을 수 있는 것이다.

종교적 믿음을 갖는 것은 이성을 포기하는 걸 뜻하는가? 아니다. 안타깝게도 불합리한 미신으로 종종 전락하는 경우도 있지만, 종교적 신앙은 그 본질에 있어서 이성에 대립하는 것은 아니다. 오히려 이성과 신앙은 인간 내면에 존재하는 피할 수 없는 삶의 의미에 대한 물음, 우주와 신에 대한 형이상학적 질문을 조금씩 다른 방식으로 표현하고 있다. 그래서 "나는 믿습니다"라고 말하는 것과 "나는 생각합니다"라고 말하는 건 그리 멀리 떨어진 게 아니다. 신앙과 이성을 구분하는 경계선은 결코 한 번에 명확하게 그을 수 없으며, 설혹 이러한 구분의 벽을 잠정적으로 세운다고 하더라도 그 벽에는 이쪽과 저쪽을 잇는 구멍들이 많을 것이다. 옹기 항아리에 담긴 김치가 숨을 쉬어서 더욱 맛깔나듯이, 신앙도 정직한 이성의 숨을 쉴 때 생명력이 더욱 넘치게 된다.

자연과학과 종교: 사실과 사실의 깊이

성경과 사도신경에 대한 현대인들의 여러 오해들은 종교적 언어의 특성을 제대로 이해하지 못한 데에서 기인하는 경우가 많다. 그중에서 가장 대표적인 오해가 성경을 자연과학의 눈으로 독서하는 것이다. 성경은 자연과학 교과서가 아니다. 성경은 자연과학자들이 집필한 것이 아니며, 우주와 인간에 대한 자연과학적 정보를 주려는 목적으로 쓰인 것도 아니다. 예를 하나 들어보자. 강원도 강릉에 가면 관동팔경 중의 하나인 경포대가 있다. 옛 선비들과 풍류객들은 경포대에 오르면 다섯 개의 달이 떠오르는 것을 볼 수 있다고 노래했다. 하나는 하늘의 달이요, 둘은 호수의 달이요, 셋은 바다의 달이요, 넷은 술잔의 달이요, 다섯은 님의 눈에 비친 달이라는 것이다. 하지만 만약 영국의 스티븐 호킹과 같은 물리학자가 경포대에 오른다면, 그는 어쩌면 다른 것을 보았을 것이다. 다섯 개의 달이 아니라 한 개의 달과 네 개의 달의 반영(反影)을 보는 것이다. 그렇다면 누가 틀렸을까? 옛 선비들이 틀렸고 스티븐 호킹이 맞았다고 생각하는 것은 계몽주의 이래로 객관적 사실만을 최고의 가치라고 여기는 우리 시대의 선입견이다. 둘 다 세계의 진실을 시와 과학이라는 나름의 방식으로 드러낸 것이다. 물리적 세계에서는 달이 다섯 개 있을 수 없지만, 시적 진실에서는 가능한 일이다. 이처럼 종교적 언어도 고유한 차원 혹은 공간을 지니는 것이다.

성경과 사도신경은 존재의 신비를 직면한 사람들이 종교적 언어로 써내려간 신앙의 고백문이다. 이것을 자연과학 교과서처럼 읽는 것은 마치 겸재 정선의 〈금강산도〉를 금강산에 대한 지도책 한 페이지로 대하는 것만큼이나 무모한 '장르 (genre) 착각'이다. 물론 겸재는 단발령에 올라 마주보이는 금강산의 실경을 그렸지만, 그가 의도한 것은 지도 제작이 아니라 예술의 창조였다. 또 다른 예를 들어보면, 독일의 정신과 의사 막스-파울 엥겔마이어(Max-Paul Engelmeier)는 한 라디오 방송국에 출현해서 사도신경의 '죄의 용서'가 지니는 정신의학적 의미에 대해 말해줄 것을 요청받은 적이 있다. 그는 다음과 같은 말로 시작했다.

현대 과학의 도구를 빌려 신앙의 한 항목을 분석한다는 것은 마치 책을 화학적으로 분석하려고 덤비는 것과 같은 터무니없는 짓이다. 화학자가 책의 기초 재료에 관해서 많은 사실들을 밝혀낼 수 없다는 것은 아니다. 풀이니 섬유소니 색깔이니 제작 과정 등에 대해 많은 사실을 밝혀낼 수 있는 것은 분명하다. 그러나 책의 내용에 관해서 그가 알 수 있는 것은 하나도 없다.■

성경과 사도신경을 과학적으로 분석한다는 것도 마찬가지가 아닐까? 그것은 무얼 의미하는가? 성경의 종이 재질, 두께, 무게, 색깔 등을 밝힌다는 것인가? 사도신경의 내용들이 과학적으로 실험 가능한지 증명하고자 한다는 것인가? 하지만 이러한 독서법은 장르 착각이다. 근대 철학의 아버지 데카르트는 한 편지에서 성경에 대해 이렇게 쓰고 있다.

인간의 구원이 아니라 단지 인간의 과학에만 봉사할 따름인 진리들에 관한 지식을 성서로부터 끄집어내려는 것은, 하나님이

■ 게르하르트 라인 엮음, 김쾌상 옮김, 『영원히 사는 것을 믿습니다: 삶으로 고백하는 사도신경』(서울: 다산글방, 2000), 145-146.

그것 때문에 우리에게 성서를 주시지는 않았던 목적을 위해 성서를 이용하고, 그 결과 필연적으로 성서를 오용·남용함을 의미한다.■

우리는 요리책을 보며 요리하고, 사전은 언어학습에 이용한다. 우리는 시(詩)를 과학적 진술로서 읽지 않으며, 그림을 사진이 아니라고 비난하지 않는다. 마찬가지로 우리는 성경을 자연과학 교과서가 아니라 성경으로서 읽어야 한다. 종교적 언어는 깊은 종교적 언어로 이해되어야 한다. 물론 종교적 언어가 지시하는 것을 이해하는 것은 어렵다. 인간의 구원에 대해 묻는 것은 끝없는 미로 같은 모험일 것이다. 그러나 이를 단지 사실의 언어로 축소해서는 안 된다. 종교적 언어는 '사실의 언어'가 아니라, '사실의 깊이에 대한 언어'이다.

■ 한스 큉, 『믿나이다: 현대인을 위한 사도신경 해설』(왜관: 분도출판사, 1999), 219에 인용되었다.

신에 대한 배고픔: 신의 존재를 어떻게 증명할 수 있나?

삼성의 창업주 이병철 회장이 1987년 타계하기 한 달 전에 천주교 신부에게 내밀었던 종교적 물음이 언론에 공개되어 화제가 되었다. 모두 24개의 질문이 A4용지 다섯 장에 적혀 있었는데, 그 첫 번째 질문이 이렇다. "신(하느님)의 존재를 어떻게 증명할 수 있나? 신은 왜 자신의 존재를 똑똑히 드러내 보이지 않는가?" 신비를 직면한 인간의 마지막 말이 바로 신에 대한 물음이었다.

"신(Deus, God)"이라는 궁극적 질문에 대해서 인류는 유신론과 무신론이라는 두 입장을 가져왔다.

먼저 유신론의 주장을 보면, 과거에는 '신이 존재한다'는 것을 믿지 않는 것은 지극히 비상식적이고 비합리적인 태도라고 생각했던 때가 있었다. 성경은 "어리석은 사람은 마음속으로 '하나님이 없다' 하는구나"며 그 우매함을 꾸짖었다.(시편 14:1) 철학자들과 신학자들도 모두 신의 존재를 손쉽게 증명할 수 있다고 생각했으며, 우주가 존재하니까 신이 존재해야 한다고 여겼다. 대표적 인물로는 철학자 아리스토텔레스와 신학자 토마스 아퀴나스를 들 수 있다. 특히 토마스 아퀴나스는 신이 존재한다는 다섯 가지 증명을 제시한 것으로 유명하다.

1) 우주는 움직이기 때문에, 처음에 우주를 움직인 신이 존재한다.
2) 우주라는 결과가 존재하기 때문에, 신이라는 원인이 존재한다.
3) 우주의 만물은 우연한 존재이며, 이것들을 있게 만든 필연적 존재가 신이다.
4) 우주 안의 선한 모든 것은 절대적으로 선한 신의 존재에서 유래한다.
5) 우주의 정교한 질서는 이것의 위대한 설계자를 증명한다.

크리스마스 전날에 6살 된 딸아이 산유가 하나님에 대해 꼬치꼬치 물은 적이 있다. 비지땀을 흘리며 최대한 내가 설명할 수 있는 방식으로 하나님에 대해 이야기를 한 뒤에, 딸아이가 보인 반응은 "그럼 하나님은 생일이 없겠네!"라는 것이었다. 자신의 생일을 세상에서 가장 중요한 날로 여기는 딸아이에게 하나님이 생일이 없다는 사실은 엄청난 발견이었다. 우리 모두는 생일이 있다. 시작이 있는 존재이다. 여기서 생일이 없는 존재, 모든 것을 시작한 그러나 시작이 없는 존재를 생각하게 되는 것은 어쩌면 당연한 것이 아닐까?

하지만 현대의 세속화되고 탈신성화된 세계에서는 신이라는 전제 없이 많은 일들을 설명할 수 있게 되면서 '신이 존재한다'는 믿음이 오히려 비이성적인 태도로 여겨지게 되었다. 이러한 현대 무신론의 대표적인 네 인물로 포이어바흐와 마르크스, 프로이트와 니체를 꼽을 수 있다. 포이어바흐는 신이란 단지 인간의 심리적인 바람을 하늘이라는 거대한 스크린에 투사한 상상의 산물이라고 여긴다. 마르크스는 포이어바흐의 심리적인 소외를 사회경제적인 소외로 재해석하여, 종교는 현실의 사회경제적인 소외를 견디게 만드는 민중의 아편이라고 비판한다. 프로이트는 유아시절 뒤틀린 아버지 이미지가 내세 혹은 미래로 투사된 것이 신이라고 주장한다. 니체는 서구 문명에서 더 이상 신을 위한 자리가 남아 있지 않기 때문에 "신은 죽었다"고 선언하며, 이러한 종교적 허무주의를 극복할 대안으로 초인의 도래를 꿈꾼다. 하지만 이러한 무신론의 도전이 신의 물음을 완벽하게 해결한 것은 분명 아니다. 포이어바흐의 경우처럼, 신이 단지 인간의 심리적 투사물이라는 주장은 또 하나의 증명되지 않은 주장이다. 마르크스의 경우처럼, 종교는 항상 민중의 아편이 아니라 혁명의 촉진제인 경우도 있었고 오히려 세속적이고 정치적인 선동이 민중의 아편 역할을 한 경우도 있다. 프로이트의 경우처럼, 인간의 성적 욕망만이 아니라 인간의 종교적이고 형이상학적 욕망도 억압될 수 있다. 니체의 경우처럼 신은 더 이상 의미가 없는 죽은 단어가 아니며, 오히려 오늘날 종교적 추구의 새로운 부흥기가 목격되고 있다.

무신론자들은 유신론자들보다도 더 철저하게 믿음을 강요하는 경우가 종종 있다. 모든 존재하는 것에는 아무런 의미도 없다는 신념은 결코 받아들이기 쉽지 않은 믿음이다. 그리고 우리의 경험 전체는 이러한 무신론적 신앙에 도전하게 만드는 무엇인가가 있다. 철학자 라이프니츠와 하이데거가 물었던 것처럼 '왜 아무것도 존재하지 않는 절대무의 상태가 아니라 존재하는 것들이 있는가?', '왜 무가 아니라 존재인가?'를 묻는 순간 이러한 무신론적 신앙에 균열을 가져오는 어떤 신비의 얼굴을 직면하게 되는 것이다. 가끔씩은 어쩌면 무신론자들도 자신의 신앙에 대해 회의하는 때가 있는 것이다. 사회학자

피터 버거는 자신의 친구인 한 심리학자에 대해 이렇게 이야기한다. 그 친구는 철저한 프로이트주의자이며, 종교란 단지 인간이 위안을 받고자 하는 심리적 환상의 결과라고 철저하게 믿었다. 그래서 피터 버거는 친구에게 이러한 신념을 한 번도 의심해보지 않았는지를 질문했다. 그러자 그는 '결코 없었다'고 대답했다가, 잠시 후 '사실 있었다'고 고백한다. 언제 그랬는지 묻자 그 친구는 베토벤의 9번 교향곡 〈환희의 송가〉를 들었을 때라고 대답했다. 존재의 선함과 기쁨에 대한 이유 없는 위로를 경험하지 않은 사람이 과연 있을까? 중세 때에 바니니(Vanini)라는 사람은 이렇게 말했다. "하나님이 존재한다는 것을 증명하는 데 지푸라기 한 가닥이면 충분하다."

하지만 오늘날 신에 대해 말하는 것은 마치 조용한 버스 안에서 예의 없이 무례하게 떠드는 사람처럼 곤란한 일로 여겨지는 것도 사실이다. 과학은 세계의 많은 부분을 신 없이 설명할 수 있게 하였고, 더 이상 우리에게는 신을 위한 자리가 남아 있지 않은 것처럼 보인다. 인간의 생명을 설명하는 데에도 DNA의 공동 발견자인 프란시스 크릭은 "당신은 뉴런 보따리일 뿐이다"고 선언한다. 그렇다면 니체의 말처럼, 신은 정말 죽은 것이 아닐까? 신이라는 말이 지닌 의미는 이제 텅 빈 것이 아닐까? 우리는 더 이상 신이 필요 없게 된 것이 아닐까?

신이 죽었다는 말은 어쩌면 우리가 만든 신에 대한 관념이 죽어서 더 이상 작동하지 않는다는 말이다. 언어의 우상으로서의 신은 이제 끝났다는 것이다. 그러나 이러한 우상의 파괴를 통해 신비에 대한 촉각이 더욱 예민해지고 깊어질 수도 있는 것은 아닐까? 지식이 발전해나감에 따라서 신비로서의 신의 영역이 오히려 더 넓어지는 것은 아닐까? 과학의 발전은 신의 신비에 대한 우리의 올바른 사유를 위해 필수적인 전제조건이다. 신비는 알려진 뒤에도 여전히 신비이며, 아니 알려져야만 신비일 수 있다. 자신이 무엇을 알지 못하는지 모르는 사람은 신비라는 존재 자체도 사유하지 못한다. 신은 이성이 설명하지 못하는 틈에만 존재하는 것이 아니다. 이성이 설명할 수 있는 것과 설명하지 못하는 것이라는 둘 다의 깊이에, 바로 이성의 깊이에 신의 신비가 존재하기 때문이다.

우리는 제3의 길이 필요하다. 유신론과 무신론은 둘 다 '신이 존재한다'는 것을 결정적으로 증명하거나, '신이 존재하지 않는다'는 것을 결정적으로 반증하지는 못한다. 둘 다 합리적인 태도이면서 동시에 이성의 한계를 가진 주장이다. 하지만 두 입장 모두 지나치게 쉽게 신에 대해 말하며, 마치 신이 의미하는 것이 무엇인지는 어린아이도 알고 있다는 식의 태도를 보인다. 과연 나는 신을 믿는가? 그것은 설명할 수 없는 역설이지 않을까? 신은 누구인지, 무엇인지를 미리 알지 못하고 어떻게 그러한 신이 존재하는지 그렇지 않은지 믿을 수 있는가? 신을 믿으려면 먼저 신이 누구인지, 무엇인지 알아야 한다. 그러나 지혜로운 현자들은 신이 본질적으로 완전히 알려질 수는 없는 존재라고 한다. 아우구스티누스에 따르면, "네가 만일 하나님을 이해했다면, 그것은 하나님이 아니다." 가톨릭 신학자 한스 큉에 따르면, "하나님은, 정의하자면, 정의할 수 없는 존재, 한정지을 수 없는 존재이다." 개신교 신학자 본회퍼에 따르면, "존재하는 신, 그런 신은 없다." 다석 유영모에 따르면, "하나님은 없이 계신 분이다." 신을 신앙하려면 신의 합리적인 정의를 먼저 알아야 하지만, 신은 이성으로 정의될 수 없는 존재이다. 여기에 이성과 신앙의 깊은 역설이 존재하는 것이다. 이처럼 신앙은 불확실성을 자신의 본질적인 요소로 가진다. 확실하다면 그것은 이미 신앙이 아니다. 신앙은 본질적으로 불확실한 것에 대한 확신이기 때문이다. 그래서 불확실성을 견디며 그 안에서 사는 법을 배우려는 것이다. 확실성은 쉽다. 그러나 어려운 불확실성은 더욱 매력적이다. 성경은 "믿음은 바라는 것들의 확신이요, 보이지 않는 것들의 증거"라고 한다.(히브리서 11:1)

유신론과 무신론을 넘어 제3의 길, 신앙의 길이 가능하다는 것을 파스칼과 시몬 베유는 보여준다. 17세기 프랑스의 천재 수학자 파스칼은 신앙을 일종의 내기에 비유하며 우리에게 신의 존재에 대해 도박을 걸어보라고 한다. 이성은 스스로의 한계로 인해 신앙이라는 내기의 필요성을 요청하기 때문이라는 것이다.

"하나님은 존재한다, 혹은 하나님은 존재하지 않는다"는 것을 살펴보도록 하자. 우리는 어느 쪽에 더 끌리는가? 여기서 이성은 아무것도 결정할 수 없다. 우리를 갈라놓는 무한한 혼동이 바로 여기에 존재한다. 바로 이 무한한 간격의 끄트머리에서 동전의 앞면이 나올지 혹은 뒷면이 나올지에 대한 게임이 진행되고 있다. 당신은 어디에 내기를 걸겠는가? 이성에 따르면, 당신은 이

것도 저것도 할 수 없다. 이성에 따르면, 당신은 이 둘 중의 어떤 입장도 옹호할 수 없다.■

파스칼은 자신의 옷 안에 이런 말을 쪽지에 적어 꿰매 달고 다녔다. "불(火), '아브라함의 하나님, 이삭의 하나님, 야곱의 하나님', '철학자와 현자의 하나님'이 아니다." 그는 신앙의 동전을 던졌던 것이다.

프랑스 철학자 시몬 베유는 타인들의 고통에 대해 예외적이라고 할 만큼 민감했던 사람이다. 다섯 살 때 그녀는 1차 세계대전 동안 병사들이 설탕이 부족해 먹지 못한다는 이야기를 듣고 설탕을 먹는 것을 거부했다. 또한 2차 세계대전 때에는 병사들이 먹을 것이라고 짐작한 최소한의 양만큼의 식사 외에는 먹기를 거부하다 결국 영양실조로 죽게 된다. 그녀의 이러한 타자를 위한 깊은 배고픔의 경험은 신에 대한 배고픔을 또한 가져왔다. 자신의 저작『신을 기다리며』에서 그녀는 이렇게 쓰고 있다.

■ Blaise Pascal, *Pensées*, III.233.

오늘날과 같은 시대에서 쉽사리 믿을 수 없다는 것은 십자가의 요한이 말한 영혼의 깊은 밤과도 같다. 만약 하나님을 사랑하는 불신자가 있다면, 그는 빵이 있는지 없는지 알 수 없지만 배가 고파 울음을 터뜨리는 아이와도 같을 것이다.■

신앙은 알 수 없는 배고픔이다. 빵이 있는지 없는지 확인할 수 없지만 배고파 우는 아이처럼, 무신론자와 유신론자는 모두 하나님의 배고픔, 의미의 배고픔으로 울고 있는 것이다. 신앙은 이미 배부른 것이 아니라 여전히 하나님을 배고파하는 것이다. 하지만 이보다 더 배고픈 자는 이러한 질문을 묻는 것조차 잊어버린 마비된 사람이다. 우리 시대의 진정한 비극은 무신론이 아니라 감각 없음, 질문 없음, 영혼의 마비, 배고픈지도 모르는 극도의 허기짐이다.

신이 존재한다는 것을 우리는 결코 증명할 수 없다. 신이 존재하지 않는다는 것도 반증할 수 없다. 그러나 신에 대한 배고픔은 지금 책상 위의 놓인 커피잔만큼이나 의심할 수 없는

■ Simone Weil, *Waiting for God* (New York: Putnam's, 1951), 211f.

확실한 사실이다. 신앙은 하나님에 대한 배고픔이며, 하나님에 대한 내기이다.

전능하신 아버지: 고백과 침묵

사도신경의 내용 중에서 자신이 고백할 수 없는 부분이 있다면 어떻게 해야 하는가? 그 부분은 조용한 침묵으로 고백을 대신할 수 있지 않을까? 칼 바르트는 성경이 구속력 있는 권위를 가지는 반면, 사도신경과 같은 신앙 고백은 구속력 없는 권위 혹은 상대적인 권위를 가진다고 보았다. 사실 동방 정교회는 로마 가톨릭이나 개신교와 달리 사도신경 자체를 고백하지 않는다. 보다 이전의 니케아 신경을 규범적으로 인정할 뿐이다. 기독교인들의 대표적인 세 가지 신앙 고백으로는 니케아 신경, 아타나시우스 신경 그리고 사도신경이 있다. 신앙의 동전은 여러 개가 있는 것이다. 그리고 사도신경을 전부 고백하지 않는다고 해서 그 사람이 기독교인이 아니라고 말할 수는 없다. 오직 하나님만이 그의 마음을 아신다. 가톨릭의 위대한 신학자 한스 큉은 하나님이 전능하시다는 부분에 특히 어려움을 가졌다. "나는 아우슈비츠, 굴락, 두 차례의 세계대전을 겪은 후 정말 더 이상은 '전능하신 하나님'이라는 말을 입에 담을 수 없게 되었다"고 말했다. 하나님이 정말 전능하시다면, 왜 세상에는 이렇게도 많은 악과 고통과 슬픔이 존재하는가? 전능하신 하나님도 못하시는 일이 있는가?

전능하신 하나님에 대한 신앙 고백의 역사를 조금 살펴볼 필요가 있다. 원래 이것은 이사야 6장 3절의 "만군의 주님! 온 땅에 그의 영광이 가득하다"는 구절에서처럼 모든 권세의 하나님, 모든 나라와 무리의 하나님이라는 생각에서 유래한다. 다분히 정치적인 메타포로서 하나님 한 분 외에는 진정한 의미에서 그 어떤 다른 통치자도 있을 수 없다는 뜻이다. 사도신경의 초기 그리스어 텍스트에서 이는 "판토크라토르(παντο-κράτωρ)" 곧 "모든 것들을 다스리는(all-ruling)" 분으로 표현되었다. 기독교 미술사에서 우주의 통치자, 만유의 주재자, 모든 것을 다스리는 우주적 왕으로 하나님을 표현한 "판토크라토르" 장르의 그림이 종종 발견된다. 후기 라틴어 텍스트에서는 이것이 다시 "옴니포텐스(omnipotens)" 곧 모든 것을 하실 수 있는 "전능하신(omnipotent)" 분으로 번역된 것이다. 요컨대 하나님은 모두를 다스리고 보살피시는 분이라는 정치적인 접근에서, 모든 것을 하실 수 있는 분이라는 좀 더 논리적인 접근으로 강조점이 변화된 것이다.

먼저 논리적 접근을 보도록 하자. 신학자들은 하나님의 전능성을 어떻게 해석하는가에 대해 두 가지 입장으로 나뉜다. 한 부류는 '하나님은 논리적으로 모순되는 것들을 포함해서 모든 것들을 하실 수 있다'고 생각한다. 하나님의 절대 주권은 논리적 제약도 뛰어넘는다는 입장이다. 다른 부류는 '하나님은 논리적으로 모순되는 것들을 제외하고 모든 것들을 하실 수 있다'고 생각한다. 논리적으로 할 수 없는 일이 있다고 해서 하나님의 전능성이 손상되지는 않는다는 입장이다. 예를 들어 동그란 네모 혹은 검은 흰색과 같은 논리적 모순을 하나님이 만들지 못한다고 해서, 하나님이 전능하지 않은 것은 아니라는 것이다. 다소 현학적으로까지 생각되는 이러한 논쟁의 배후에는 하나님의 절대 주권과 인간의 진정한 자유 사이의 미묘한 긴장이 놓여 있다. 인간에게 자유로운 의지를 부여하신 이후에는 하나님조차도 인간을 완전하게 줄에 달린 인형처럼 통제할 수는 없으며, 바로 여기에 세계의 비극과 고통의 뿌리가 놓여 있다고 자유의지의 옹호자들은 생각한다.

정치적 차원에서 하나님을 "판토크라토르" 곧 만유의 주재자라고 고백하는 것은 지상의 모든 권력이 한시적인 것이며 하나님의 심판 아래에 놓여 있다는 것을 뜻한다. 로마와 워싱턴과 베이징이 상징하는 제국의 오만에 대한 영적인 경고와 비판이 여기서 발견된다. 현대의 대표적인 무신론자 리처드 도킨스는 *God Delusion*(한국어판 제목『만들어진 신』)에 대해 말하지만, 진정 우리가 걱정해야 하는 것은 오히려 *Power Delusion* (권력의 망상)이 아닐까? 힘이란 여러 차원에서 악용되고 오용될 수 있다. 대인(對人)관계에서, 힘은 학대가 아닌 사랑으로 표현되어야 한다. 가족은 하나님의 천국 실험실이다. 제도(制度)적 차원에서, 힘은 억압이 아닌 책임감으로 이해되어야 한다. 문화(文化)적 차원에서, 힘은 자민족의 주도권이 아니라 다문화의 환대로 확장되어야 한다. 종교(宗敎)적 영성에서, 힘은 기계적 통제력이 아니라 신성한 생명력으로 성찰되어야 한다. 기독교인이 하나님만을 만유의 주재자라고 고백하는 것은 힘의 우상을 저항해야 한다는 것이다. 제국의 왕과 대통령과 부자뿐만 아니라 어린이와 노인과 여성과 실직자와 외국인 노동자와 성적 소수자 모두가 하나님의 눈에는 철저하게 평등하다는 것을 고백하는 것이다. 성경은 "세상의 쓰레기"와 "만물의 찌꺼기"로 업신여김을 받는 이들을 바로 하나님의 연인이자 하나님의 자녀라고 가르친다.(고전 4:13) 상처를 받은 사람은 단지 그 아픈 상처의 총합이 아니라 그 상처조차 사랑하시는 하나님의 사람인 것이다.

3·1 평화운동 직후에 일본의 지성인 야나기 무네요시는 일본의 군국주의를 경고하며 이렇게 말한다. "국가는 짧고 예술은 긴 것이다. …… 승리하는 것은 그들의 아름다움이지 우리들의 칼이 아니다."(『조선과 그 예술』) 칼을 쓰는 사람은 모두 칼로 망한다는 예수의 말씀을 따라(마태 26:52), 야나기 무네요시는 종교와 예술만이 진정 우주를 지배하는 힘이며 국제관계와 평화의 문제는 결코 무력이나 정치로 해결될 수 없다고 여겼다. 인도 빈민들의 어머니 테레사 수녀는 평화와 겸손이라는 '힘없는 자의 힘'에 대한 자신의 깊은 신뢰를 이렇게 표현했다. "제가 할 수 없는 걸 당신이 할 수 있습니다. 당신이 할 수 없는 걸 제가 할 수 있습니다. 하나님을 위해 뭔가 아름다운 일을 우리는 함께할 수 있습니다."

사도신경 라틴어 원문은 힘에 대한 정치적·신학적 오해의 위험성 때문에, "전능하신" 바로 다음에 "아버지(Pater)"라는 말을 두었다. 우리는 사도신경의 아버지 하나님의 고백에 대해 최소한 세 가지를 주목해야 한다. 첫째, "전능하신"과 "아버지"라는 이 두 말은 일종의 대칭어로 서로를 비추어 해석할 때 진정 기독교인이 믿는 하나님의 뜻을 드러낸다. 전능하신 분이 바로 아버지 같은 분이며, 아버지 같은 분이기에 전능하다는 뜻이다. 둘째, 여성들이 오늘날 아버지라는 말에 대해 불편함과 염려를 가지고 있다는 것도 기억해야 한다. 여성 신학자메리 데일리는 "만약 하나님이 남자라면, 남자가 하나님이다"는 비판의 말을 남겼다. 종교의 가부장주의가 사회의 가부장주의를 강화시키며, 그 반대도 마찬가지라는 것이다. 엄밀하게 말해서 하나님은 성별의 의미에서 남성이나 여성, 아버지나 어머니는 아니다. 모든 종교적 언어의 상징성을 망각해서는 안 된다. 그러나 또한 가장 진정한 의미에서 하나님은 인간과의 관계에 있어서 아버지와 어머니 같은 분이다. 따라서 전능하신 아버지에 대한 기독교인의 고백은 결코 수컷의 신격화로 오해되어서는 안 되며, 여성의 사제 서품이나 목사 안수를 거부하는 잘못된 신학적 근거로 오용되어서도 안 된다. 마지막 셋째로, 사도신경의 원래 문맥에서 아버지 하나님을 고백하는 것은 곧 하나님이 나사렛 예수의 아버지라는 것을 고백하는 것이었다. 십자가에서 우아한 패배의 힘을 보여주었던 예수의 아버지가 바로 전능하신 하나님이라고 고백한 것이다. 바로 여기에 힘없는 자의 힘이라는 기독교의 진실한 역설이 있다. 바울의 신앙 고백처럼, "내가 약할 그 때에, 오히려 내가 강하기 때문입니다."(고후 12:10)

천지의 창조주: 빅뱅과 미켈란젤로

사도신경은 하나님이 "천지의 창조주(*creator coeli et terrae*)"라고 고백한다. 여기서 천지 곧 하늘과 땅이란 고대인들이 알았던 존재하는 모든 것을 포괄하는 표현이다. 고대인들은 우주가 3층으로 구성되어 있다고 생각했다. 인간들이 거주하는 땅, 죽은 자들이 거주하는 땅 밑의 지옥 그리고 천사들이 거주하는 땅 위의 하늘이 바로 그것이다. 따라서 여기서 "하늘과 땅(그리고 땅 밑)"이란 고대인들이 알고 있었던 모든 존재의 영역을 가리킨다. 보다 이전의 니케아 신경은 하늘과 땅 대신에 "보이는 것과 보이지 않는 모든 것"이라는 표현을 사용했다. 보이는 인간의 세계와 보이지 않는 초인간적 세계를 모두 하나님이 아무것도 없는 무의 상태에서 만드셨다는 것이다. 오늘날 우리의 표현을 사용하자면 하나님이 우주 전체를 창조하셨다는 것이다. 종교는 존재하는 모든 것에 대한 최후의 설명으로 신이라는 이름을 말한다.

현대의 천체물리학은 우주의 기원을 조금 다르게 설명한다. 엄청나게 집약된 에너지를 가진 점같이 작은 물질이 대략 150억 년 전 혹은 137억 년 전에 대폭발하여 우주가 시작되었다고 여긴다. 과학자들은 빅뱅 이후 우주의 진화과정에 대해서는 놀라울 만큼 잘 설명하는 것 같다. 하지만 빅뱅 이전에 대해서는 그렇지 못하다. 빅뱅 이전에도 과연 시간이 존재했을까? 하지만 아무 일도 일어나지 않은 때에도 시간이 존재했다고 말할 수 있을까? 시간이 존재하지 않았다면 다른 어떤 것도 존재할 수 없지 않은가? 그리고 빅뱅의 시점에서 우주가 팽창하기 시작했다면, 그 이전에는 공간이 존재하지 않았단 말인가? 처음의 작은 물질은 어디에 존재했을까? 전체로서의 우주라는 개념도 결코 쉽게 이해할 수 있는 것은 아니다. 오늘날 우리는 우주가 계속적으로 팽창하고 있다는 것을 안다. 그러나 팽창이라는 개념은 확장돼가는 우주 너머의 어떤 것을 또한 상정하게 한다. 전체 우주에 속하지 않은 그 너머의 영역을 우리는 어떻게 이해해야 하는가?

이러한 여러 난제들 때문에 어떤 이들은 이른바 다중우주론이라는 것을 주장한다. 그것은 현재 우주의 빅뱅뿐 아니라 수많은 빅뱅이 있을 수 있고 수백억 이상의 우주가 존재할 수 있다는 가설이다. 스티븐 호킹 같은 과학자는 이러한 생각에 기초해서 신 없이 우주를 설명할 수 있다고 주장한다.

우주에 시초가 있는 한 우리는 창조주가 존재했다고 생각할 수 있다. 하지만 실제로 우주는 모든 것을 자체 내에 담고 있고 경계선이나 한계도 없기 때문에, 시작도 종말도 있을 수 없다. 우주는 그저 있을 따름이다. 사정이 이러할진대 창조주의 자리가 어디란 말인가?■

■ 알베르 자카르 지음, 정재곤 옮김, 『神?』(서울: 궁리, 2004), 82에 인용되었다.

먼저 우리는 과학과 종교가 서로의 적이 아님을 분명히 해야 한다. 이들은 모두 진리를 향한 순례길에 오른 동료들이며, 과학의 질문과 종교의 질문은 서로가 서로를 보충하는 다른 차원의 질문들이기 때문이다. 과학은 '어떻게(how)' 우주가 존재하는가를 묻지만, 종교는 '왜(why)' 우주가 존재하는가를 묻는다. 그래서 존재의 신비를 직면하여 이 둘은 서로가 서로를 필요로 한다. 교황 요한 바오로 2세는 이렇게 말했다.

과학은 종교로부터 그릇된 생각과 미신을 추방하여 종교를 정화시킬 수 있으며, 종교는 과학으로부터 맹목적 심취와 그릇된 절대화의 위험을 제거하여 과학을 정화시킬 수 있다. 과학과 종교는 서로 상대방으로부터 장점을 취함으로써 한층 넓은 세계, 곧 과학과 종교가 함께 번영할 수 있는 세계로 나아갈 수 있다.■

또한 미국 캘리포니아 버클리 대학의 천체물리학자 알렉

■ 이언 바버 지음, 임철우 옮김, 『과학이 종교를 만날 때』(파주: 김영사, 2002), 42에 인용되고 있다.

스 필립펜코는 "137억 년 전 일어난 거대한 폭발인 빅뱅이 신에 의해 발생한 것이 아닐 수도 있다는 주장은 신이 존재하지 않는다는 주장과는 전혀 다른 것"이며, "신의 존재는 과학으로 증명할 수 없는 것이라고 생각한다"고 말한다. 사실의 언어와 종교의 언어는 분명 다르다. 과학은 유신론이나 무신론의 입장을 증명하려 해서는 안 된다. 과학자들은 자신이 우주의 기원에 대해 모든 것을 설명할 수 없다고 화를 내는 대신, 이성적으로 경험적 과학의 경계를 넘어서는 영역이 언제나 존재할 수밖에 없으며 여기에서 종교와 그 상징적 언어가 인류를 오랫동안 도와왔다는 것을 인정해야 한다. 또한 종교도 자신이 여러 가지 우주의 기원에 대한 과학적 이론들과 공존할 수 있다는 것을 기억해야 한다. 과학은 우주를 설명하지만, 종교는 우주의 이유를 설명하기 때문이다. 종교에서 분리된 과학의 설명은 공허하게 들릴 수밖에 없으며, 과학에서 분리된 종교의 설명은 맹목적으로 들릴 수밖에 없다.

분명 성경의 창조 이야기는 신화적으로 들리는 것이 사실이다. 수천 년 전에 인류는 자신이 알고 있는 최선의 우주관에 기초해서 존재의 신비에 대한 궁극적 관심을 종교적 언어로 표현했던 것이다. 오늘날 우리는 그들의 천지창조 이야기가 하늘, 땅, 지옥이라는 다분히 신화적인 3층적 세계관에 기초했다는 것을 알고 있다. 하지만 동시에 그러한 신화적 세계관이 당시에는 최선의 자연과학이었다는 것도 이해해야 한다. 앞으로 2천 년 후인 서기 4000년쯤에 인류의 후손들이 현대 과학의 빅뱅이론을 어떻게 생각할까? 아마 우리가 하늘, 땅, 지옥이라는 신화론적 세계관에 보이는 반응과 비슷할 것이다. 바티칸의 시스틴 성당 천정에 있는 미켈란젤로의 천지창조를 보고 감상자는 왜 미켈란젤로가 빅뱅이론을 회화적으로 표현하지 않았는지 비판하지 않는다. 빅뱅이론은 우리의 언어이며 미켈란젤로에게는 자신의 언어가 있었다. 오히려 우리는 "왜" 그가 천지창조를 그렇게 표현했는지 묻는 게 옳을 것이다. 왜 하나님은 우주를 창조한 것일까? 신의 창조 목적은 무엇일까? 종교개혁자 칼뱅은 세계를 "하나님의 영광을 드러내는 극장"이라고 표현한 적이 있다. 어쩌면 하나님은 예술가처럼 아름다움을 창조하고 싶으셨던 것이 아닐까? 하나님이 천지창조를 마친 뒤에 우주의 아름다움에 경탄했다고 성경은 이야기한다. 또한 우리 인간도 이러한 아름다움의 창조에 자신의 삶을 통해 동참하도록 초대받은 것은 아닐까? 인간은 '하나님의 형상(*imago dei*)'을 따라 창조되었다고 성경은 말한다. 하나님이 예술적 창조자였다면, 인간 또한 그런 예술가 하나님을 닮았을 것이다. 인생의 목적은 아름다움의 창조, 한 멋진 삶의 창조가 아닐까? 인생이라는 거친 통나무 조각을 예수의 모습으로 깎아나가라는 아름다움의 창조 명령이 아닐까?

2

"나는 그의 유일하신 아들,
우리 주 예수 그리스도를 믿습니다"

Et in Iesum Christum

Filium eius unicum,

Dominum nostrum

예수는 그리스도이다

사도신경에서 "예수 그리스도(Iesus Christus)"를 믿는다는 것은 바로 "예수가 그리스도이다"는 것을 줄여서 고백하는 것이다. 마치 미국의 "오바마 대통령"은 "오바마가 대통령이다"는 걸 뜻하는 것과 마찬가지다. 예수는 2천 년 전에 나사렛에서 태어난 한 인물(人物)의 이름을 가리키는 것이며, 그리스도는 이러한 인물이 어떠한 지위(地位)를 가지는가를 표시하는 것이다. 그렇다면 그리스도라는 지위는 무엇을 의미하는가? 그것은 원래 히브리어 "메시아" 곧 기름 부음 받은 자를 의미하는 것으로, 이것이 다시 그리스어로 번역되면서 "크리스토스(Χριστός)" 곧 그리스도가 된 것이다. 나사렛의 예수가 하나님으로부터 기름 부음 받은 자, 이스라엘 민족의 지도자, 메시아, 그리스도, 구세주라는 뜻이다.

기독교인 혹은 그리스도인이란 예수를 자신의 그리스도로서 고백하고 따르는 무리를 가리킨다. 가장 대표적으로 성경은 베드로의 고백에 대해 이야기하고 있다. 예수의 출현으로 사람들은 그 주위에 모이게 되고 예수가 누구인지 나름의 추측을 하게 된다. 그들은 "세례 요한" 혹은 "엘리야" 혹은 "옛 선지자 중 하나"가 다시 살아나서 나타났다고 웅성거린다. 그러자 예수는 제자들에게 자신을 누구라고 생각하는지 묻는다. 이때 베드로는 예수가 바로 "하나님의 그리스도"라고 고백한다.(누가 9:20) 이런 점에서 베드로가 최초의 그리스도인이라고 기억될 수 있을 것이다. 기원후 14년에서 68년 사이의 로마 제국의 역사를 기록한 타키투스는 자신의 『연대기』에서 그리스도인에 대해 이렇게 적고 있다. "네로는 (64년의 로마의 화재가 황제의 소행이라는) 소문을 진정시키기 위해 범인들을 날조, 당시 이상한 신을 믿어 미움 받던 그리스도인이라 불리던 이들에게 교묘한 고통을 가했다. 그리스도인이란 티베리우스 황제 치하에서 본디오 빌라도 총독이 처형한 그리스도에서 온 명칭이다." 그리스도인은 예수 그리스도를 자신의 주님으로 따르는 자이다.

하나님의 외아들, 우리 주

나사렛의 예수는 이스라엘의 정치적 메시아 이상의 존재라고 사도신경은 고백한다. 메시아라는 칭호는 원래 고대 이스라엘의 왕들에게 사용되었던 것으로, 왕들은 하나님으로부터 선택을 받고 기름 부음을 받은 자로 인정되었다. 그러나 다윗과 같은 이스라엘의 왕들이 곧 하나님의 아들은 아니었다. 이러한 오해를 불식시키기 위해 사도신경은 "예수 그리스도"에 대한 고백 바로 다음에, 하나님으로부터 기름 부음을 받은 예수가 바로 "그의 독생자(*filius eius unicum*)" 곧 그 본질에 있어서 하나님과 동등한 분이라고 밝힌다. 동일한 맥락에서 기독교인들은 예수를 "우리의 주님(*dominus nostrum*)"이라고 고백한다. 원래 "주님"이라는 말은 이스라엘 사람들이 야훼 하나님의 이름을 직접 부르는 것이 불경하다고 생각하였기 때문에 대신 사용했던 표현이다. 마치 옛날에 어른들을 이름 대신에 아호를 사용해 부르는 것과도 유사하다. "하나님의 아들"과 "우리의 주님"이라는 표현 둘 다는 예수가 하나님이심을 고백하는 말인 것이다.

초대 기독교인들은 예수가 하나님이 아니라 하나님보다는 조금 열등한 존재라는 의견과 싸워야만 했다. 아리우스와 그의 추종자들은 "그가 존재하지 않았던 때가 있었다"라는 표어를 외치며 이집트 알렉산드리아의 시장을 행진하며 예수의 온전한 신성을 부정했다. 이러한 아리우스주의자들을 이단적 사상으로 정죄하며 니케아 신경은 조금도 오해의 여지를 남기지 않기 위해 예수가 하나님의 외아들이라는 것을 아주 자세히 설명하고 있다. 예수 그리스도는 "하나님의 아들이며, 성부로부터 태어났으며, 그의 독생자이며, 성부의 본질에서 유래했으며, 하나님으로부터 나온 하나님이며, 빛으로부터 나온 빛이며, 진정한 하나님으로부터 나온 진정한 하나님이며, 만들어진 분이 아니라 태어난 분이며, 성부와 동일한 본질을 가진 분이며, 그를 통해 하늘의 모든 것들과 땅의 모든 것들 곧 만물이 창조된 분이며, 우리 인간과 우리 인간의 구원 때문에 이 땅에 내려오셔서 성육신이 되셨고 인간이 되신 분"이라고 고백한다. 요컨대 예수는 하나님이라는 것이다. 인간에게서 태어난 인간의 아들이 본질상 인간이듯이, 하나님에게서 태어난 하나님의 아들은 동일한 본질을 가진 하나님이라는 것이다. 사도신경은 이 모든 생각들을 집약하여 예수가 "하나님의 독생자"라고 고백한다. 하나님이 자신의 독생자를 인간의 구원을 위해 주셨다는 것은 아낌없이 하나님 자신의 모두를 주셨다는 뜻이다.

임금과 하녀: 왜 하나님은 인간이 되셨는가?

기독교인은 태초에 우주를 창조한 하나님이 2천 년 전에 예수라는 한 인간의 몸으로 태어났다고 믿는다. 왜 하나님은 인간이 되고자 했을까? 인간이 되지 않고 인간을 구원할 수는 없었는가? 내가 아는 설명들 중에서 가장 뛰어난 것은 키에르케고르의 다음과 같은 〈임금과 하녀〉의 우화이다.■

옛날에 한 임금이 있었다. 그가 평민처럼 가장하고 자신의

■ S. Kierkegaard, *Philosophical Fragments or a Fragment of Philosophy* (Princeton: Princeton University Press, 1944), 20ff. 손호현, 『인문학으로 읽는 기독교 이야기』(서울: 한들, 2008), 135-136에서 재인용.

나라를 두루 살피며 돌아다니다, 어떤 시골에서 한 아름다운 하녀를 만나게 되었다. 그 여인을 보는 순간 그만 사랑에 빠져 버린 이 임금은 궁전으로 돌아온 이후에도 온통 그 여인 생각으로 밤낮으로 끙끙 앓았다. 나랏일을 돌보는 것도 잊고 자신의 방에서 혼자서 한숨 쉬며 시름시름 고민하는 임금을 이상하게 여긴 신하들이 물었다. "임금님, 무슨 걱정거리가 있으시기에 이렇게 노심초사 고민하고 계시는 겁니까?" 그래도 임금은 다시 "휴ㅡ" 하고 한숨만 내쉬며 이야기를 하지 않더라는 것이다. 신하들의 계속되는 간청에 임금은 어쩔 수 없이 자초지종을 다 말하며, 그 하녀와 사랑에 빠지게 되었다는 것을 밝혔다. 이야기를 다 들은 한 신하가 한편으로는 기가 차기도 하고, 다른 한편으로는 우습기도 해서 간신히 웃음을 참으며 이렇게 아뢰었다고 한다. "아니, 임금님. 임금님께서는 이 나라의 주인이시며 하고자 하면 못할 일이 없으신 분입니다. 그깟 하녀 하나 때문에 이렇게 시름에 잠기시다니요? 제가 당장 병사들을 보내어 그 하녀를 궁궐로 잡아들이도록 하겠습니다. 아마 그 하녀는 임금님의 성은에 몸 둘 바를 몰라 하며 감지덕지 기뻐할 것입니다." 그러자 임금은 벌컥 화를 내었다. "네가 감히 나의 사랑을 욕보이는구나. 임금인 내가 하고자 하였다면 그 여인을 여기로 강제로 데려와 결혼하지 못할 줄 알았더냐? 하지만 그게 어디 사랑이더냐? 그리고 그 여인이 이 궁궐에서 그렇게 해서 행복할 수 있겠더냐? 자신이 과거에 비천한 하녀였고, 내가 왕이라는 사실을 기억할 때마다 마음속으로 몰래 슬퍼하지 않겠더냐? 서로 동등한 입장에서의 사랑이 아니라, 왕이 하녀에게 베푸는 값싼 은혜로서의 사랑에 어찌 그녀가 행복하겠더냐?" 이렇게 말한 후 임금은 그 신하를 자신의 왕국 밖으로 쫓아내버렸다. 이 일이 있은 뒤 또 며칠을 끙끙 앓다가 마침내 어느 날 임금이 신하들을 모두 소집하였다. 그리고 그는 그 자리에서 자신의 왕위를 내어놓고, 더 이상 왕의 신분이 아닌 한 평범한 평민의 신분으로 궁궐을 떠났다. 그리고 그 시골을 찾아 자신의 왕으로서의 과거를 감춘 채 그 여인의 사랑을 얻어 행복하게 같이 살았다고 한다.

키에르케고르는 무얼 말하고자 했을까? 신은 인간이 되지 않고는 인간을 이해할 수 없다는 것, 인간을 이해하지 못하는 신은 인간을 구원할 수 없다는 것을 말하고 싶었던 것이 아니었을까? 예수는 인간을 이해하고 사랑하고자 인간이 되신 하나님이다. 성경은 참 인간이시자 참 하나님이 되시는 예수를 이렇게 묘사한다. "여러분 안에 이 마음을 품으십시오. 그것은 곧 그리스도 예수의 마음이기도 합니다. 그는 하나님의 모습을 지니셨으나 하나님과 동등함을 당연하게 생각하지 않으시고, 오히려 자기를 비워서 종의 모습을 취하시고 사람과 같이 되셨습니다. 그는 사람의 모양으로 나타나셔서 자기를 낮추시고 죽기까지 순종하셨으니, 곧 십자가에 죽기까지 하셨습니다."(빌립 2:5-8) 인간의 슬픔과 생채기를 아는 하나님만이 인간을 진정 사랑할 수 있다. 사랑 때문에 신은 죽음을 택한 것이다.

3

"그는 성령으로 잉태되어 동정녀 마리아에게서 나셨습니다"

qui conceptus est de Spiritu Sancto,

natus ex Maria Virgine

예수의 아버지는 성령?

사도신경은 예수가 "성령으로 잉태되었다"는 것과 "처녀 마리아에게서 태어났다"고 한다. 무슨 말일까? 현대인은 여기서부터 점차 불편하게 신비스러운 영역으로 접어드는 자신을 발견하게 된다. 우선 이것이 무엇을 의미하지 않는지부터 생각해보자. 예수가 성령으로 잉태되었다고 고백하는 것은 성령이 예수의 아버지라고 고백하는 것은 아니다. 초대 기독교인들이 이렇게 이해하지 않았다는 사실은 이미 사도신경의 첫 부분에서 "전능하신 아버지" 하나님과 "그의 외아들" 예수라는 관계 설정을 먼저 하였다는 것을 통해 명확하게 드러난다. 예수의 아버지는 성부 하나님이라고 사도신경은 고백한다. 그럼 예수가 성령으로 잉태되었다는 것은 무슨 말인가?

니고데모라는 유대인 지도자가 예수를 찾아온 적이 있다. 그는 어떻게 구원을 받을 수 있는지 질문하고 싶었다. 예수는 찾아온 니고데모에게 이렇게 말한다. "누구든지 물과 성령으로 다시 태어나지 아니하면, 하나님 나라에 들어갈 수 없다." (요한 3:5) 사람이 한 번 어머니의 뱃속에서 태어나면, 거기로 다시 들어갔다가 태어날 수는 없는 일이다. 이것은 비유적 진술이다. 여기서 "물"이란 세례를 가리키는 것이다. 니고데모가 세례를 받고 성령을 받게 되었다고 가정해보자. 그렇다고 니고데모가 성령을 아버지로 가지는 것은 분명 아닐 것이다. 마찬가지로 예수가 "성령으로 잉태되었다"라는 것도 성령이 예수의 아버지라는 직접적 표현이 아니라 일종의 간접 화법으로 이해하는 것이 적절하다. 이것은 예수가 성령을 통해 영적으로 태어났다는 것 곧 인간 아버지의 관여 없이 출생했다고 고백하는 것이다. 바로 이 때문에 예수의 동정녀 탄생에 대한 고백이 바로 뒤에 이어지는 것이다.

예수의 Y염색체는 어디에서 왔는가?

예수의 동정녀 탄생 이야기는 일종의 기적 이야기이다. 그리고 현대인들은 기적 이야기 대부분을 이성적으로 받아들일 수 없는 고대인들의 무지한 미신에서 기인한다고 생각한다. 우리는 예수의 동정녀 탄생이 현대인의 잣대에서 평가할 때, 객관적인 역사적 사실인지 아닌지를 확인할 수 있는 충분한 자료나 근거를 가지고 있지 못하다. 그리고 과학자들과 특히 유전공학자들은 그것이 현실적으로 도무지 불가능한 이야기라고 생각한다. 물론 수십억 년 전에는 모든 생명체가 '무성생식'으로 번식을 하였기 때문에 생명이 반드시 남성과 여성 부모를 필요로 하는 것은 아니라고 인정하지만, 대부분의 과학자들은 대략 10억 년 전부터 인류를 포함한 고등 생명체가 '유성생식'의 방식으로 번식을 하였기 때문에 동정녀 탄생은 거의 불가능하다고 여긴다.

프랑스의 유전공학자 알베르 자카르는 멘델의 법칙과 같은 유전자에 대한 과학적 발견들을 언급하며, 예수도 분명 인간의 몸을 가졌다면 부모로부터 유전자를 물려받았을 것이라고 추측한다. 그러나 바로 여기에서 이해할 수 없는 신비로 빠져들게 된다는 것이다. 우리는 여성의 몸일 경우 XX염색체를 가지며 남성의 몸일 경우 XY염색체를 가진다는 사실을 안다. 모든 난자는 1개의 X염색체를 운반하게 되며, 난자가 X염색체를 가진 정자와 수정되면 여성(XX)이 되고, Y를 가진 정자와 수정하면 남성(XY)이 되기 때문이다. 하지만 문제는 남성의 몸을 가진 예수에게는 남성의 Y염색체를 줄 수 있는 인간 아버지가 없다고 그는 항변한다. "예수가 물려받은 유전자에는 Y염색체가 있어야 한다. 예수는 남성만이 가질 수 있는 Y염색체를 어머니 성모 마리아로부터 물려받았을 수밖에 없다. 우리가 이런 질문을 제기하는 것은 고약한 심사에서 그런 것이 결코 아니다. 우리는 예수를 완전한 인간으로 보는 이상 어쩔 수 없이 이 같은 질문을 하지 않을 수 없다." ▪

■ 알베르 자카르, 『神?』, 100.

종교 전체가 기적 이야기이다

분명 현대인으로서 우리는 알베르 자카르가 제기하는 이러한 질문을 할 수밖에 없으며, 여기에 대한 대답이 곤궁한 것도 사실이다. 내가 이 문제를 해결할 수 있다고 기대하지 않지만, 적어도 두 가지를 이야기하고 싶다. 첫째는 기적 이야기와 종교적 언어의 관계이고, 둘째는 기적 이야기를 대하는 기독교인의 여러 태도에 관한 것이다.

종교 전체가 어쩌면 기적 이야기이다. 먼저 예수의 동정녀 탄생은 분명 기독교인에게도 믿기 힘든 신비로운 기적에 관해 말하고 있다. 하지만 이 사건만이 유독 받아들이기 힘든 기적이라고 생각해서는 안 된다. 마치 쓴 알약처럼 모든 종교적 언어는 인간의 이성이 파악하기 힘든 신비를 그 속에 담으려고 시도하기 때문이다. 이미 앞에서 보았듯 한스 큉은 아우슈비츠 이후에 전능하신 하나님을 입으로 고백하기 매우 어렵게 되었다고 한다. 사실 동정녀 탄생보다 더 기적적인 것들은 얼마든지 있다. 하나님이 존재한다는 것, 하나님이 인간이 되셨다는 것, 하나님이 고통을 받으며 죽었다는 것(신이 죽을 수 있단 말인가!), 죽은 자가 부활했다는 것, 죽음이 생명의 끝이 아니라는 것, 생명은 영원하다는 것 등등.

이 모든 종교적 진술들은 내가 눈으로 확인할 수 없고 반복적 실험을 통해 경험적으로 검증할 수 없는 차원의 것들이다. 타임머신을 타고 2천 년 전의 이스라엘로 돌아가더라도 내가 눈으로 볼 수 있는 것은 나사렛에 사는 예수라는 청년이지 기독교인이 고백하는 예수 그리스도는 아니다. 예수를 메시아, 그리스도, 하나님의 아들, 주님으로 고백하는 것이 바로 기적이다. 아니, 가장 기본적으로 난 내가 존재한다는 사실 자체가 도무지 이해할 수 없는 기적이다. 과학은 반복해서 검증할 수 있는 것에 기초한다. 하지만 종교적 언어가 말하는 것들은 대부분 역사상 유일회한 사건에 대한 것으로 그러한 검증을 허락하지 않는다. 도대체 태초에 누가 있어 하나님이 우주를 창조하는 것을 검증할 수 있는가? 도대체 지구의 종말에 누가 살아남아 천국의 존재를 확증할 수 있는가? 이런 점에서 예수의 동정녀 탄생은 분명 우리의 상식적 경험을 넘어서는 매우 독특하고 어마어마한 사건이지만, 대부분의 종교적 진술들은 동일한 정도로 혹은 그보다도 더 기적과 신비에 대한 깊은 이야기들을 담고 있다. 그렇기에 '사실의 언어'를 말하는 과학과 '가치의 언어'를 말하는 종교는 동일한 존재의 신비를 찾아나서는 동행자이면서, 동시에 서로가 직접 충돌할 수는 없는 철로의 두 가닥 같이 다른 방식으로 이 신비에 접근하려는 것이다.

기적에 대해 기독교인들은 여러 태도를 보인다. 어떤 이는 그것을 역사적 사실에 대한 객관적 진술로 받아들이고 싶어한다. 다른 이는 그것이 역사화된 신화라고 생각하며 일종의 비신화론화(非神話論化)하는 해석의 과정을 거쳐 그 이야기에 담긴 깊은 뜻을 읽어내고자 한다. 동정녀 탄생의 주제로 돌아가 보자. 원래 이러한 생각은 예수의 탄생에 대해 예언한다고 여겨지는 구약의 이사야 7장 14절에 기초하고 있다. "보십시오, 젊은 여인이 잉태하여 아들을 낳을 것이며, 그가 그의 이름을 임마누엘이라고 할 것입니다." 원래 히브리 성경의 원어는 "젊은 여인"이라고만 하였지만, 나중에 70인역(Septuagint)이라는 그리스어 번역본은 그것을 "처녀"라고 표현했던 것이다. 이러한 그리스어 번역본 구약성서를 사용했던 초대 기독교인들은 자연스럽게 이 처녀로부터의 탄생을 예수의 사건과 관련짓게 된다. 하지만 이러한 번역의 역사를 밝히는 것이 문제를 해결하는 것은 아니다. 이것은 예수의 동정녀 탄생에 관한 텍스트의 분석일 뿐, 유전공학자 알베르 자카르가 지적하듯 실제로 예수의 몸이 동정녀에게서 태어났음에도 Y염색체를 가진 몸이라는 것을 확인할 수 있는 방법은 없는 것이다. 우리는 지금 예수의 몸을 가지고 있지 않으며, 설혹 가지고 있다고 하더라도 그의 동정녀 탄생을 증명할 실험방법이 없다. 우리는 여기서 최소한 세 가지 태도를 취할 수 있다.

첫째는, 동정녀 탄생 이야기를 역사적 사실의 진술로 신뢰하는 것이다. 이것은 과학적으로 증명할 수 없는 사실을 믿는 것이지만, 그렇다고 비이성적인 태도는 아니라고 본다. 가령 우리는 결코 10년 전에 사별한 배우자에 대한 사랑을 과학적으로 증명할 수 없지만, 그 사랑의 진정성을 믿을 수 있다. 둘째는, 그것을 비신화론화하여 그 속에 담겨 있는 깊은 종교적 진실을 해독해내고자 하는 것이다. 고대인의 기적 이야기를 현대인의 실존적 가치의 이야기로 번역하려는 시도이다. 그리고 첫째와 둘째는 결합될 수도 있고, 분리되어 존재할 수도 있다. 마지막 셋째는, 기적 없이 사는 것이다. 혹자는 기적이라는 가설 없이 살면 되지 않느냐, 그것이 훨씬 합리적이지 않느냐고 반문할 것이다. 하지만 존재의 기적에 대한 경이로움을 상실한 삶이란 도대체 어떤 것일까?

마리아: 비천한 처녀, 그러나 하나님을 담은 자

무언가 엄청난 일이 이 젊은 여인 마리아에게 일어났다. 그 엄청난 일 자체를 묘사하는 언어들은 다분히 신화적이며 그래서 오늘날 우리에게는 매우 낯선 것이다. 나는 두 번째 비신화론화의 길을 선택해서 그 이야기가 담고 있는 의미들을 생각해보고자 한다. 왜냐하면 예수가 동정녀에게서 태어났는지 혹은 그렇지 않은지의 문제보다 더 엄청난 것이 이 이야기에 담겨 있다고 생각하기 때문이다. 동정녀의 기적은 하나님이 한 자그마한 인간 안에 담기셨다는 "테오토코스"의 기적에 비교할 때 그리 큰 기적이 아닐지도 모른다. 전자가 단지 생물학적 기적이라면, 후자는 훨씬 큰 우주적 기적을 말하고 있기 때문이다. 처녀가 아이를 낳았다는 것이 더 믿기 힘든가, 아니면 개미가 우주를 삼켜버렸다는 것이 더 믿기 힘든가?

동정녀 이야기가 전달하고자 하는 뜻은 우리가 혼자가 아니라는 것이다. 마리아는 기독교인들 사이에서는 "테오토코스(Θεοτόκος)" 곧 "하나님을 담은 자(God-bearer)"라고 불린다. 종종 사용되는 "하나님의 어머니"라는 표현보다는 더 정확한 말이라고 생각된다. 인간은 혼자가 아니다. 인간은 차가운 우주 공간에 혼자 유기된 존재가 아니다. 태초에 하나님은 자신 안에 작은 공간을 마련하시어 우주를 만들어 담으셨고 생명을 잉태하였다. 그리고 다시 그중 마리아라는 개미같이 지극히 작은 한 인간의 생명 안에 우주보다도 더 큰 하나님이 스스로 담기신 것이다. 우리는 하나님 안에 담겨 있고, 우리가 하나님을 담고 있다. 그래서 모든 반대되는 비극의 증거들에도 불구하고 우리는 안전하다. 마리아의 하나님 잉태는 가장 깊숙하고 신비로운 생명의 교류 현상을 보여준다. 생명은 사귐이고 마치 뫼비우스의 띠와도 같다. 임신해본 여성이면, 발길질하는 아이의 태동을 느껴본 여성이면 안다. 생명이란 서로가 서로를 담는 일이라는 것을 안다. 고독이 최후의 말이 아니라는 것을 안다. 생명은 서로 맞대어 있다는 것을 안다. 마리아의 하나님 잉태는 인간을 하나님 없이 외롭게 두지 않겠다는 모든 인류를 향한 하나님의 약속의 징표이다. 이렇게 작고 연약한 인간 어머니에게 담긴 하나님의 이름이 바로 "임마누엘"(이사야 7:14)이며 곧 "우리와-함께-계신-하나님"이라는 예수의 이름인 것이다. 시인 횔더린은 〈히페리온(*Hyperion*)〉에서 이렇게 적고 있다. "가장 위대한 것으로도 위압되지 않으면서도 가장 작은 것에는 담기는 것, 이것이 신적이다."

마리아는 비천한 신분의 여성이었다. 그녀는 황궁에 사는 실력자가 아니었다. 그리고 하나님은 인간의 비천함을 피하지 않으신다. 땅의 노동과 몸의 현실을 피하지 않으신다. 처녀가 아이를 낳았다는 것만큼이나 믿을 수 없는 것은 하나님이 인간이라는 육체적 몸을 가지기로 결정하셨다는 것이다. 동정녀 탄생 이야기가 그 당시 전달하고자 한 뜻은 오만한 영지주의자들에 대한 반박이었다. 종교적 엘리트들이었던 그들은 인간의 몸이란 단지 영혼의 감옥일 뿐이라며 비천한 몸의 현실을 경멸했다. 그러나 하나님이 인간의 몸으로 탄생한 것은 몸을 지닌 인간도 결코 천하거나 무시될 수 없는 고결한 존재라는 하나님 자신의 반박이었다. 허리 굽혀 배고픔을 느끼게하는 몸, 계절의 미묘한 변화를 감지하는 몸, 타자를 욕망하는 몸, 늙어가는 몸, 약간의 얼굴 찡그림으로 우주에 더 없이 아름다운 미소를 남기는 몸이 바로 인간의 인간됨이다. 바로 하나님은 이런 인간 전체를 사랑하시는 것이다. 하나님은 인간의 인간됨을 피하시지 않으셨다. 그리고 영원히 그러하실 것이다. 〈테 데움(*Te Deum*)〉에서 우리는 이렇게 찬양한다. "당신은 한 처녀의 자궁을 피하지 않으셨습니다."

4

"본디오 빌라도에게 고난을 받아 십자가에 못 박혀 죽으셨고 묻히셨습니다"

passus sub Pontio Pilato

crucifixus, mortuus, et sepultus

누가 예수의 죽음에 책임이 있는가?

본디오 빌라도는 유대 지방을 식민지로 다스렸던 로마 총독의 이름이다. 그가 바로 예수를 십자가형으로 죽도록 선고한 자이다. 당시 로마의 황제는 티베리우스였다. 사도신경은 왜 빌라도의 이름을 구체적으로 언급하는 것일까? 우선, 예수의 죽음이 단지 경건한 전설이 아니라 실제로 역사적으로 일어났던 사건이라는 것을 강조하기 위해서다. 예수는 시기적으로 본디오 빌라도의 치하에서, 곧 그가 유대를 총독으로 통치한 주후 26년과 36년 사이에 고난을 받다 죽었다는 것이다.

누가 예수의 죽음에 책임이 있는가? 신학적으로 모든 인간이 여기에 책임이 있다. 나아가 사도신경은 빌라도라는 가해자의 구체적인 얼굴을 보여준다. 그는 로마라는 거대한 제국주의의 정치군사적 권력을 상징하고 대리하는 자였다. 예수는 단지 죽은 것이 아니라 제국의 군인들에 의해 살해당하고 처형당한 것이다. 로마 제국은 멸망했지만 십자가형은 다른 방식으로 여전히 지금도 세계 안에서 진행 중이다. 당시의 유대인 종교 지도자들은 자신들이 생각하기에 예수가 범한 종교적 범죄를 교묘하게 로마 제국에 대한 정치적 반란으로 위장했다. 예수는 유대 당국에 의해 빌라도 총독에게 넘겨졌고, 그는 로마 관례에 따라 "유대인의 왕"이라는 정치적 죄목이 적힌 팻말과 함께 십자가 위에서 처형당했다. 예수의 십자가형은 로마의 정치 엘리트들과 유대의 종교 엘리트들의 합작품이었다.

하지만 기독교인들은 불행하게도 2천 년에 걸쳐 유대인 민족 전체가 예수의 죽음에 책임이 있다고 생각했다. 이러한 기독교인들의 반유대주의가 없었다면 히틀러의 인종차별적인 유대인 대학살은 결코 일어나지 않았을 것이다. 로마인 빌라도가 예수를 죽였다고, 그것이 이탈리아 민족 전체의 잘못이라고 비난하지는 않는다. 제2차 바티칸 공의회는 마침내 그리스도인의 잘못된 범죄를 지적하며 이렇게 말한다. "비록 유대인 집권층과 그 추종자들이 그리스도의 죽음을 강요했지만,

그리스도 수난 때 저질러진 범죄를 당시에 살던 모든 유대인에게 차별 없이 책임지우거나 나아가 오늘의 유대인들에게 그 책임을 물을 수는 없다." 그리고 한스 큉은 매우 강경하게 교회 내의 잘못된 반유대주의를 비판한다.

"유대인"이나 "로마인"이 아니라, 구체적이고 특정한 유대 당국과 로마 당국이 각기 나름대로 이 사건에 연루되어 있다. ……오늘날의 유대 민족에게 집단적으로 책임을 뒤집어씌우는 것은 더욱이나 황당무계하다. 예수 죽음의 책임과 비난을 그때마다 유대 민족에게 들씌우는 것은 더러운 짓이었고 지금도 그러하다. 그러한 짓은 지난 수백 년 동안 이 민족에게 끝없는 고통을 안겨주었고, 아우슈비츠가 생겨나도록 만들었다. …… 예수의 죽음은 더 이상 당시 유대 민족에 대한 힐문이 아니라, 오늘날의 모든 개개 그리스도인에 대한 물음이 된다. 즉 당신은 당신의 행위를 통해 아직도 예수를 십자가에 못 박고 있지나 않은가? 당신은 그 당시에 살았다면, 어디에 서 있었을까?▪

▪ 한스 큉, 『믿나이다』, 118-119.

78 | 사도신경: 믿음의 알짬

예수의 십자가에서 당신은 어디에 있는 당신을 보는가? 당신은 항상 자신을 피해자의 쪽에 서 있다고 생각하는 데 익숙하고, 가해자로 보는 데 익숙하지는 못하다. 십자가 위의 예수만이 아니라 가해자 빌라도에게서 자신의 얼굴을 볼 수 있는 자만이 제2의 아우슈비츠를 만들지 않을 것이다.

십자가와 연꽃

"십자가에 못 박혀 죽으셨고 묻히셨다"는 것은 진짜 죽었다는 말이다. 성경에 등장하는 십자가는 로마 제국의 처형 도구로 언급되고 있다. 십자가형은 전통적인 유대인의 처형 방식이 아니었다. 그들의 극형은 돌로 쳐 죽이는 것이었다. 원래 십자가형이 처음 역사적으로 등장하는 곳은 페니키아이다. 페르시아인도 십자가형을 사용했다. 나중에 알렉산더 대왕은 페르시아로부터 십자가형을 받아들였고, 이는 다시 카르타고와 로마로 전해지게 된 것이다. 십자가형은 로마인들에게 지극히 혐오스럽고 불명예스러운 죽음을 의미했다. 그래서 이 형벌은 주로 반역자나 로마의 시민권을 갖지 않은 중죄인 그리고 일부 하층민을 처형하는 데 사용되었다. 키케로는 십자가에서 죽을 위험에 놓인 한 귀족을 변호하며 이렇게 말했다. "십자가라는 단어 자체가 로마 시민에게서, 그의 생각이나 눈, 귀에서조차 아주 제거되어야 한다. 왜냐하면 단지 십자가형의 실제적인 집행뿐만 아니라 그것의 언급마저도 로마 시민과 자유인에게는 합당치 않은 것이기 때문이다."

십자가에 못 박혀 고통스러워하는 예수와 연꽃 위에 앉아 조용히 미소 짓는 부처를 나란히 놓고 보면, 우리는 인류가 경험한 서로 다른 종교적 체험을 발견하게 된다. 그리고 기독교인은 고통의 십자가에서 진정한 하나님의 참 모습이 드러난다고 믿는다. 종교개혁자 루터는 이렇게 말했다. "오직 십자가만이 우리의 신학이다(Crux sola est nostra theologia)." 하나님을 이해하려면 그의 십자가를 보라는 것이다. 어쩌면 예수의 십자가는 전혀 하나님에게 걸맞지 않는 지극히 어리석은 것이다. 남을 위해 죽으려는 자만큼 어리석게 보이는 자가 어디에 있겠는가? 우리는 남을 위해 죽는 대신 남을 죽여서라도 살려고 한다. 십자가에 대한 현존하는 가장 오래된 그림은 이러한 비판적인 견해를 잘 드러내고 있다. 황제의 거처가 있던 로마의 언덕 절벽 위에 남아 있는 이 풍자화는 십자가 위에서 고통 받는 자의 머리를 당나귀 머리로 그렸고, 밑에는 낙서까지 써놓았다. "알렉사메노스는 자기 신을 숭배한다네." 당나귀 머리의 예수를 숭배하는 것처럼 그렇게 어리석게 기독교인들이 보였던 것일까? 하지만 바울은 오히려 그러한 십자가의 어리석음을 자랑한다. "십자가의 말씀이 멸망할 자들에게는 어리석은 것이지만, 구원을 받는 사람인 우리에게는 하나님의 능력입니다."(고전 1:18) 도대체 왜 십자가인가? 어떻게 십자가는 인간을 구원하는가?

십자가 위의 바뀐 고깃덩어리

독일의 마티아스 그뤼네발트(Matthias Grünewald)가 1505년에 시작하여 1516년에 완성한 〈이젠하임 제단화〉는 예수의 십자가형의 고통을 가장 사실적으로 그린 그림으로 유명하다. 원래 이 그림은 독일 남부의 안토니우스 수도원이 운영하던 이젠하임 병원 예배실에 있었으나 현재는 콜마(Colmar)에 있는 운터린덴(Unterlinden) 박물관에 전시되어 있다. 이

그뤼네발트, 〈이젠하임 제단화〉(1516)

그림 속의 나무 십자가는 위쪽이 조금 휘어져 있다. 뒤틀린 예수의 몸의 무게 때문이다. 이것은 그뤼네발트 외에는 당시 어느 누구도 생각하지 못했던 표현법이었다. 대부분 평평한 수직 수평의 십자가를 관습적으로 그렸다. 그러나 그뤼네발트는 예수의 몸의 무게와 더불어 속죄의 무게를 십자가의 수평

렘브란트, 〈도살된 소〉(1655)

적 휘어짐을 통해 표현하고 있다. 마치 활처럼 나무 십자가는 휘어져 있고, 예수의 뒤틀린 두 팔은 마치 기도하듯 손바닥을 하늘로 향한 채 활시위처럼 십자가를 팽팽하게 당기고 있다. 침묵의 긴장된 순간으로 우주가 숨을 죽이고 멈추어 선 듯하다. 예수의 피부는 수많은 상처로 끔찍하게 너덜너덜 찢어져 있다. 지나치게 과장된 고통의 표현이라고 얼굴을 찡그릴 수도 있을 것이다. 하지만 이 그림은 아무것도 과장하지 않았다.

그렇게 생각하는 사람은 이 제단화 앞에서 누가 기도를 드렸는지 모르기 때문이다. 이 제단 앞에서 기도드린 사람들은 단지 말끔하게 차려입은 성직자들과 고상한 기독교인들만이 아니었다. 얼굴, 손가락, 피부, 뼈마디가 온통 짓무르고 으깨지고 일그러진 아픈 문둥병자들이 이 십자가에 달린 예수에게 기도를 드렸던 것이다. 문둥병자들은 접촉을 통한 감염의 위험 때문에 쫓겨났고 상속권을 박탈당했으며 평생 강제로 격리되었다. 이렇게 고통 속에 버려질 대로 버려진 사람들이 이젠 하임 병원 제단 앞에서 무릎 꿇었던 것이다. 그들은 자신들처럼 비틀려서 힘겹게 십자가에 걸려 있는 예수의 모습에서 자신의 구원자를 발견하였던 것이다.

렘브란트의 〈도살된 소〉(1655)는 예수의 십자가형을 푸줏간에 거꾸로 걸린 소의 고깃덩어리로 간접적으로 표현하고 있다. 인간의 잔혹함과 폭력의 칼에 살육당한 짐승을 통해 예수의 무거운 고통과 소리 없는 죽음을 증언하려 했던 것이 아닐까? 절망의 선지자로 불리는 프란시스 베이컨도 이러한 예수의 몸과 고깃덩어리의 유비적 관계를 〈십자가 책형〉(1933)과 〈회화〉(1946)에서 이어나갔다. 그는 이렇게 말한다. "나는 정육

점에 갈 때마다 짐승 대신에 내가 거기에 걸려 있지 않음을 알고는 늘 놀라곤 한다." 사실 예수 대신에 거기에 걸려 있어야 하는 고깃덩어리는 바로 내 자신이다. 그러나 그 자리에 예수가 있다는 것이 바로 대속의 사랑이다. 내가 있어야 할 자리에 예수가 달려 있는 것이다!

고대에 이스라엘 민족은 자신의 죄를 뉘우치고 하나님에게 용서를 구하기 위해 양, 소, 비둘기 같은 다양한 동물들을 대신 죽여서 제단 위에서 태웠다. 자신이 죽어야 하고 태워져야 하지만, 동물들의 대리적 죽음을 통해 대신 용서를 구한 것이다. 하지만 기독교인은 하나님의 아들인 예수가 와서 모든 이들을 위한 궁극적인 대리적 속죄 제물로 자신을 십자가 위에서 바침으로써 인류가 구원받을 수 있게 되었다고 믿는다. 바로 예수가 과거, 현재, 미래의 모든 죄인들을 대신하는 궁극적인 "아그누스 데이(*Agnus Dei*)" 곧 "하나님의 양"이라는 것이다.

난 자신의 죄를 다른 사람의 죽음을 통해 특히 하나님 자신의 죽음을 통해 용서받을 수 있다는 십자가의 논리를 제대로 이해하지 못한다. D. F. 스트라우스는 일종의 금전적 과실은 다른 이들이 대신 지불해줄 수 있을지 모르지만, 도덕적 과실은 본인이 갚지 않을 경우 결국 갚지 않은 것이 된다고 생각했다. 그러나 하나님은 이런 방식을 택하셨다. 나를 정육점의 고깃덩어리처럼 십자가 위에 걸어두는 대신 자신의 외아들을 대신 걸어두셨다. 바울은 예수의 대속적 죽음이 지닌 뜻을 이렇게 말한다. "여러분은 하나님과 화해하십시오. 하나님께서는 죄를 모르시는 분에게 우리 대신으로 죄를 씌우셨습니다. 그것은 우리가 그리스도 안에서 하나님의 의가 되게 하시려는 것입니다."(고후 5:21)

아우슈비츠의 십자가, 조선의 십자가

유대인 작가 엘리 비젤은 나치의 수용소 안에서 겪은 자신의 경험담을 담은 책 『밤』에서 이런 참혹한 이야기를 들려준다. "하루는 수용소 작업장에서 돌아오는 길이었습니다. 광장에 기둥 세 개가 서 있었고, 거기에는 세 명이 사슬에 묶여 있었는데 그중에 하나는 아주 작은 아이로 슬픈 눈을 가지고 있었습니다. 수용소 소장이 판결문을 읽었습니다. 모든 눈들이 그 아이에게 쏠렸습니다. 그 소년은 창백한 얼굴로 입술을 꾹 깨물었습니다. 밧줄이 그 아이의 목 주위에 둘러졌습니다. 세 명의 희생자들은 의자 위에 올라섰습니다. 그중 두 명의 어른은 '자유 만세!' 하며 소리쳤습니다. 하지만 그 아이는 침묵했습니다. 내 뒤의 어떤 이가 이렇게 묻는 것을 들었습니다. '하나님은 도대체 어디에 계시는 거야? 하나님은 어디에 계시는 거야?' 수용소 소장의 신호에 의자들이 옆으로 치워졌습니다. 온 수용소는 완전히 침묵에 빠졌습니다. 저 너머에는 해가 지고 있었습니다. 저희들은 교수대 주변을 돌며 행진을 해야 했습니다. 두 명의 어른은 이미 죽은 상태였습니다. 그들의 혀는 부풀어 올라 파랗게 변했습니다. 하지만 세 번째 밧줄은 아직도 움직이고 있었습니다. 그 아이는 너무도 가벼워서 아직 살아 있었던 것입니다. 30분이 넘게 그 소년은 거기에 매달려 바동거렸습니다. 삶과 죽음 사이를 왔다 갔다 하며 천천히 죽어가고 있었습니다. 우리들은 명령에 따라 모두들 그의 얼굴을 쳐다봐야 했습니다. 내가 그 앞을 지나갈 때 그 아이는 아직 살아 있었습니다. 또 다시 내 뒤에서 그 사내가 중얼거렸습니다. '지금도 하나님은 있는 거야?' '하나님은 지금 어디 계시는 거야?' 난 내 속에서 이렇게 외치는 소리를 들었습니다. '하나님이 어디에 계시냐고? 하나님은 여기 계셔. 이 밧줄에 매달려 여기 계셔.'"

교황 요한 바오로 2세는 아우슈비츠의 유대인 수용소를 "현대의 골고다"라고 불렀고, 전쟁이 끝난 후에 수용소로 향하는 길을 "십자가로 가는 길"이라고 불렀다. 아우슈비츠의 가스실에서 하나님도 함께 죽음의 고통을 당한 것이다. 인간과 하나님이 십자가의 고통 위에서 하나로 연대하는 이러한 '연민의 형이상학'이 죽음의 힘에 대항할 수 있는 희망의 근거가 되는 것이다. 예수는 십자가에서 죽었으나 그 죽음에서 부활하셨다. 십자가와 부활은 죽음이 죽임을 당하고 생명이 다시 살아날 것이라는 기독교인의 궁극적 희망을 상징한다. 그렇기에 이유 없는 고통과 불의한 죽음 가운데서도 우리는 하나님의 뜻과 신성한 의미를 발견하고자 하는 것이다. 죽음의 폭력 앞에 뜻 없이 무릎 꿇지 않기 위해서이다.

함석헌은 『뜻으로 본 한국역사』에서 우리 민족의 역사도 세계를 위해 이러한 대속의 짐을 짊어졌던 고난의 역사, 십자가의 역사라고 말한다. 단지 의미 없는 고난이 아니라 다른 이를 구원하는 사명을 가진 대속적 고난이라는 것이다. 동서 문명들의 욕망과 제국들의 무력이 우리 민족의 몸으로 흘러들어오고 살을 찢어냈지만, 이렇게 세계의 짐과 찌꺼기를 마다하지 않고 짊어지는 하나님의 종으로 부름 받았다는 것이다. 성경의 이사야서에 나오는 고난 받는 종처럼 세계의 하수구가되어 불의의 짐을 원망하지 않고, 회피하지 않고 용감하고 진실되게 지는 데 우리의 사명이 있다는 것이다. 단지 고통을 고통으로 순응하며 받아들이기 위해서가 아니다. 고통을 없애고 가해자를 죄에서 돌이켜 살리기 위해서이다. 함석헌은 이렇게 말한다. "모든 불의를 받아서는 하나님에게로 돌려야 한다. 그것이 절대 신앙이다. …… 간디의 말과 같이 수난은 결코 약한 자의 일이 아니요, 강한 자의 일이다. 자기 안에 보다더 위대한 힘을 믿는 것이 수난의 도다. 우리 싸움은 불행을남에게 떠밀자는 싸움이 아니라, 죄악의 결과인 고난을 내 몸에 달게 받음으로써 세계의 생명을 살리자는 일이다. 이것은세계의 하수구요, 공창(公娼)인 우리만이 할 수 있는 일이다."

5

"지옥에 내려가셨으며 사흘 만에 죽은 자
가운데서 다시 살아나셨습니다"

descendit ad infernos

tertia die resurrexit a mortuis

한국에는 없는 지옥?

　우리말 사도신경에는 예수가 "지옥에 내려가셨다(*descendit ad infernos*)"는 부분이 빠져 있다. 한국 교회 역사가들에 따르면 천주교와 성공회 그리고 1894년 장로교 선교사 언더우드가 편집한『찬양가』에 실린 사도신경에는 "음부에 내려가사"란 구절이 분명 있었다. 그러던 것이 1897년 감리교에서 사용하던『찬미가』에는 이 구절이 빠져 있고, 1908년 장로교와 감리교와 성결교 세 교단이 합동으로 펴낸『찬송가』에 실린 사도신경에도 이 구절이 여전히 빠져 있다. "음부에 내려가사"라는 부분이 빠지게 된 원인에 대해 몇 가지 추론적 가설이 가능하다. 첫째, 1908년 이전에 장로교는 "음부에 내려가사"가 포함된 사도신경을 사용했다. 그러나 1908년의 합동으로 편찬한

『찬송가』에서는 세 교단의 신학적 견해의 차이를 피하기 위해서 이 부분을 뺐을 것이다. 둘째, 유기적인 아시아 선교를 위해 선교사들은 각 나라들이 동일한 내용의 신경을 갖기를 원했다. 그래서 1907년 대한예수교장로회에서 채택한 12신조는 인도 자유장로회에서 채용한 12신조와 동일하였는데, 여기에는 "음부에 내려가사"라는 표현이 빠져 있다. 셋째, 천주교는 베드로전서 3장 19절에 근거하여 연옥설을 주장하고 개신교는 연옥설을 받아들이지 않았는데, 이러한 교리적 차이 때문에 빠지게 되었을 것이다. 넷째, 종교개혁자 칼뱅이 "음부에 내려가사"라는 이 부분을 문자적으로 받아들이지 않고, 엄청난 죽음의 고통을 예수가 겪었다는 것에 대한 비유적 표현으로 해석했기 때문이다. 다섯째, 한국의 유교적 문화에서는 예수가 천한 죄인들이나 가는 음부 혹은 지옥에 갔다는 것을 도저히 받아들일 수 없었을 것이다.■ 사도신경이 교회의 일치를 지향하는 에큐메니칼 정신에 기초하고 있다는 것과 또한

■ 김철수, 『그리스도의 음부여행: 우리말 사도신경에 삭제된 〈음부에 내려가사〉에 대한 연구』(서울: 한들, 2004), 126-131.

공의회를 통해 공적으로 결정된 고백문임을 고려할 때, 한국 개신교회의 이러한 다소 자의적인 생략은 수정되어야 하지 않을까?

지옥의 역사

최초로 지옥에 대한 신앙 고백이 발견된 것은 359년에 시르미움(Sirmium) 공의회에서 채택한 이른바 〈날짜가 적힌 신경(Dated Creed)〉에서이다. 여기에는 예수가 "죽으시고, 지하세계로 내려가시어, 거기에서 다스리셨으며, 지옥의 문지기들이 그를 보고 두려워 떨었다"고 고백한다.** 예수의 지옥으로의 하강에 대한 신앙은 훨씬 이전부터 존재했을 것으로 추측된다. 이보다 앞서 동방교회에 속하는 시리아의 한 송영은 예수가 "세계의 종말과 죽은 자의 부활에 대해 아브라함, 이삭, 야곱 그리고 모든 성자들에게 설교하시기 위해" 지옥으

** Kelly, *Early Christian Creeds*, 378. "날짜가 적힌 신경"이라고 불리는 이유는 이 신경 처음에 황제의 이름과 구체적인 날짜 등의 정보가 있기 때문이다.

로 내려가셨다고 찬송한다. 서방교회는 아우구스티누스 이후에 예수가 자신의 성육신 사건 이전에 죽은 노아 시대 사람들에게 설교하기 위해 지옥에 하강하셨다고 믿었다.

초대 기독교인들은 예수의 지옥으로의 하강을 크게 두 가지로 해석했던 것 같다. 첫째는 예수가 죽음 후의 신비한 사흘 동안 지옥에서 구약의 의인들에게 구원을 설교하고 세례를 행하셨다고 믿었던 것이다. 둘째는 예수가 사탄과 지옥의 지배자들을 정복하고 그곳에 있는 모든 사람을 해방시키셨다고 믿었다. 물론 이 두 가지 해석은 서로 연관되어 있지만, 점차 전자의 해석은 약화되었고 후자의 해석 곧 예수가 인류 전체의 구원을 위해 지옥에서 사탄과 죽음에 대항하여 승리하셨다는 해석이 지배적이게 된다.

지옥까지 내려온 사랑: 저승, 죄인의 지옥, 현재의 지옥

오늘날 우리는 지옥을 크게 3가지 의미로 해석할 수 있다. 첫째는 시공간적인 관점에서 "죽은 자들의 나라" 혹은 한국 문화에서 흔히 "저승"이라고 부르는 곳으로 이해하는 것이다. 이것은 히브리어 "셰올(Scheol)"과 그리스어 "하데스(Hades)"가 뜻하는 것으로, 착한 사람이든 악한 사람이든 모든 죽은 사람들이 가게 되는 장소로서의 저승, 지하세계, 죽은 자들의 나라를 가리킨다.

둘째는 지옥을 히브리어 "게헨나(Gehenna)" 혹은 라틴어 "인페르눔(Infernum)"의 의미에서 축복받지 못한 사람들, 비기독교인들, 죄인들, 저주받은 사람들이 가는 사탄의 왕국으로 이해하는 것이다. 이런 두 의미에서 저승 혹은 지옥으로까지 예수가 하강하셨다는 것은 참혹하게 죄로 부수어진 사람들, 그리스도의 강림 이전의 사람들 그리고 지금도 그리스도를 모르는 사람들의 구원 가능성에 대한 궁극적인 사랑의 희망을 고백하는 것이다.

셋째로, 종교개혁자들은 지옥의 비신화론화를 통해서 새로운 심리적 해석을 제공했다. 곧 어떤 사후의 장소로 내려갔다는 것이 아니라 예수가 지옥같이 끔찍한 고통을 당하셨다는 것이다. 이러한 견해는 "지옥은 우리 삶 가운데 있다"는 루터의 진술과 칼뱅의 『기독교 강요』(2권 16장 8항-12항)에서 발견된다. 몰트만은 "교회가 위협의 수단으로 사용할 지옥은 존재하지 않는다"고 말하며, 대신 그는 아우슈비츠의 지옥, 베르뎅의 지옥, 스탈린그라드의 지옥, 베트남의 지옥처럼 현실 자체가 지옥일 수 있다고 한다. 어쩌면 우리는 세계적으로 자살률이 가장 높은 한국을 현실의 지옥 리스트에 추가해야 할지도 모르겠다. 학생들이 시험 때문에 자살하고, 젊은 어머니가 전셋값 때문에 어린 세 자녀를 죽이는 한국의 현실은 분명 지옥 같다. "여기가 지옥이다"라고 얼마나 많은 이들이 탄식하는가? 인간이 다른 인간에게 지옥이 될 수 있다는 사실을 슬프게도 우리는 아주 잘 알고 있다. 그래서 사르트르는 "타인이 지옥이다"라고 한다. 인간은 다른 인간에게 지옥이지만, 또한 오직 인간에 의해, 참인간에 의해 구원받을 수 있다.

우리는 지옥에 대한 기독교인들의 다양한 해석을 부정적인 것으로 여기기보다는, 오히려 인간의 삶의 여러 측면을 풍부하게 드러내어주는 긍정적인 것으로 평가할 수 있다. 이미 사망한 혹은 아직 생존해 있는 가족에 대한 염려와 안타까움을 가진 이들에게 예수가 지옥으로 내려가셨으며 "죽은 사람들에게도 복음이 전해졌다"(벧전 4:6)는 베드로의 고백은 희망의 메시지이다. 그리고 현재의 지옥 같은 삶을 견디고 있는 모든 이들에게도 예수는 그러한 희망의 존재로서 옆에 함께 계신다. 사도신경의 지옥에 대한 고백은 죽음이나 죄나 불신앙이나 현재의 고난이나 그 어떤 것도 가장 바닥까지 열정적으로 내려오시는 하나님의 사랑에서 우리를 분리시킬 수는 없다는 것을 증언하는 것이다. 바울의 말처럼, "누가 우리를 그리스도의 사랑에서 끊을 수 있겠습니까? …… 나는 확신합니다. 죽음도, 삶도, 천사들도, 권세자들도, 현재 일도, 장래 일도, 능력도, 높음도, 깊음도, 그 밖에 어떤 피조물도 우리를 우리 주 예수 그리스도 안에 있는 하나님의 사랑에서 끊을 수 없습니다."(로마 8:35-39) 왜 그럴까? 예수는 지옥까지 내려온 사랑이기 때문이다.

부활이 주장하는 것과 주장하지 않는 것

예수의 부활은 인류의 영원한 스캔들이다. 우리는 이것을 설명할 언어도, 이해시킬 논리도 가지고 있지 못하다. 뿌린 씨앗이 땅속에서 죽은 듯 있다가 싹을 터트리는 일이나 애벌레가 나비가 되는 일처럼 부활의 희미한 그림자만을 알고 있을 뿐이다. 하지만 부활이 빠진 예수는 우리가 아는 예수가 아니다. 예수를 가장 예수답게 설명하는 것은 그가 십자가의 지옥으로 내려가셨으나 당당하게 부활하셨다고 말하는 것이기 때문이다. 그래서 괴테는 자신의『예술론』에서 예수를 무덤에서 걸어 나오는 부활한 주님으로 표현하는 것이 예술가들의 가장 아름다운 과제라고 말한다.

그리스도는 무덤에서 걸어 나오는 모습으로 묘사되어야 한다. 흘러내리는 무덤의 천들은 하나님에 의해 다시 살아난 이를 남성적인 당당함과 어울리는 나체로 묘사하는 것을 가능하게 해줄 것이다. 우리가 그를 전혀 어울리지 않게도 고난당하는 모습, 십자가에 못 박힌 벌거벗은 모습 혹은 사체의 모습으로 보아야 했던 것을 속죄하기 위해서 말이다. 이것은 우리가 알기에는 아직 한 번도 성공적으로 해결된 적이 없는, 예술가에게 가장 아름다운 과제 중 하나가 될 것이다.

십자가를 넘어 부활이 하나님의 마지막 말씀이다. 죽음이 모든 것의 끝이 아니라는 하나님의 신비 앞에 놓인 우리는 마치 크리스마스 선물 상자를 아직 열어보지 못한 채 그 안에 무엇이 들었을지 흔들어보고 궁금해 하는 아이와도 같다. 하지만 아이는 부모가 어떤 것을 선물하고 어떤 것은 선물하지 않을 것인지 대략 짐작한다. 이처럼 우리도 부활이 무엇인지 그리고 무엇이 아닌지를 짐작해보도록 하자.

첫째, 예수의 부활을 믿는 것은 제자들이 예수의 시신을 훔친 것은 아니라고 믿는 것이다. 이러한 주장은 예수의 죽음 직후부터 있어 왔으며 현대에는 라이마루스에 의해 다시 제기되었다. 그에 따르면, 예수의 제자들은 그가 예루살렘에 강력한 정치적 왕국을 설립할 지도자로 믿었지만, 이러한 자신들의 이스라엘 국가에 대한 기대는 예수의 십자가에서의 죽음으로 산산이 부서졌다. 위기에 직면한 제자들은 그를 인류를 죄에서 구원할 수난 받는 종으로 재해석했으며, 사흘 만에 부활한 이야기를 만들어냈다는 것이다. 다시 말해 부활 이야기는 사기이며, 제자들이 예수의 몸을 무덤에서 훔친 이후에 유포된 것이라는 주장이다. 따라서 여기서 빈 무덤의 증거는 증거로서의 능력을 상실하게 된다. 그래서 어떤 기독교인들은 예수가 묻힐 때 사용된 수의에서 그의 부활의 증거를 발견하고자 한다. 이른바 토리노의 수의는 예수가 진짜 죽었고 진짜 부활하셨다는 사건에 대한 역사적 증거라고 몇몇은 믿었지만, 카본14의 연대측정 결과는 여전히 이러한 역사적 증거에 대한 과학적 논란을 가중시킨다. 난 만약 예수가 부활하지 않았고 그의 시체가 마침내 발견되었다는 기사를 〈내셔널 지오그래픽〉에서 읽는다면 심각하게 고민하게 되리라고 인정한다. 하지만 부활에 대한 성서의 가장 오래된 증언인 바울의 편지에 따르면 예수는 죽었으며, 무덤에 묻혔으며, 예언처럼 사흘 만에 부활했으며, 베드로와 여러 제자들에게 실제로 나타났으며, 부활한 예수를 본 목격자들 중 몇몇은 죽었지만 대부분은 바울이 편지를 쓰고 있는 그 시점에도 아직 살아 있었다는 것이다.(고전 15:4-6) 바울은 부활의 진실성을 증명하기 위해 여러 사람을 만나보라고 할 수 있었지만 우리는 그런 입장에 놓여 있지 않다. 따라서 문제의 핵심은 이러한 신약성서의 부활에 대한 여러 증언을 얼마나 신뢰할 수 있는가 하는 것이다. 모든 역사적 증언이 그렇듯 성서의 증언도 일종의 해석된 증언이라는 것을 인정한다. 그러나 이것이 증언하는 사건이 실제로 일어나지 않았다는 확실한 다른 어떤 증거도 아직 알지 못한다. 제자들이 시체를 훔쳤다는 가설은 지극히 합리적으로 들리지만, 가설의 성격을 벗어나지 못한다. 더군다나 완벽하게 합리적인 가설도 아니다. 제자들이 정말 예수의 시체를 훔쳤다면, 그러한 자신들의 거짓말을 위해 온갖 현실의 불이익과 고초를 겪으며 나중에는 순교자로서 자발적으로 죽임을 당하였다는 것은 다소 설득력이 떨어지는 가설이다. 부활은 빈 무덤이나 토리노의 수의 등으로 증명하거나 반증할 수 있는 그런 사건보다 훨씬 위대한 우주적인 사건이다.

둘째, 부활은 그리스인들이 상상했던 영혼의 불멸설이나 불교인들이 주장하는 영혼의 윤회설과는 거리가 있다. 그리스 철학자들은 인간의 몸은 사라져 없어지지만 인간의 영혼은 불멸하는 진리를 담는 그릇과도 같기 때문에 동일하게 영원하다고 생각했다. 진리는 소멸할 수 없는 영원한 것이며, 그러한 진리가 영원하려면 그것을 담고 있는 영혼의 그릇도 영원해야 한다는 생각이다. 비슷하게 힌두교, 불교, 자이나교 등과 같이 인도에 기원을 둔 종교는 인간의 영혼이 업보라는 전생과 현생 사이의 계산법에 의해 영원히 윤회한다고 생각하였다. 부처는 무려 10만 번의 전생을 기억하고 있었다는 이야기도 전해진다. 하지만 부활한 그리스도의 몸적 존재를 손으로 만지고 확인하는 의심 많은 도마의 이야기는 기독교인이 믿는 부활의 사건이 단지 영혼의 불멸설이나 윤회설이 아니라 몸의 부활도 포함하는 인간 전체의 불멸설이라는 것을 보여준다. 이런 의미에서의 인간은 시작은 있지만 끝은 없다. 태어나지만 소멸하지는 않는 것이다. 이보다 더 큰 기적이 어디 있는가?

셋째, 부활은 단지 몸의 소생이 아니다. 부활은 현재의 시공간과 현재의 모습으로 되돌아오는 것을 의미하지 않는다. 응급실에서 가사 상태에 놓였던 혹은 실제로 죽었던 시체가 다시 소생하는 것을 가리키는 것이 아니다. 부활은 죽음 이후의 불멸하는 새로운 생명으로의 진입을 뜻한다. 예를 들어 성경은 나인이라는 성읍에 살던 과부의 죽은 아들을 예수가 소생시킨 일(누가 7:11-17)과 죽은 지 나흘이나 되어서 썩는 냄새가 나는 나사로를 다시 소생시킨 일(요한 11:38-44)에 대해 이야기하고 있다. 그러나 그들이 부활해서 영원히 살았다고 말하지 않으며, 분명 다시 죽을 운명인 것을 의심치 않는다. 이에 반해 부활은 인간의 몸이 급격한 변형을 통해 영원히 죽지 않는 영적인 몸으로 바뀌는 것이다. 바울에 따르면, "썩을 몸이 썩지 않을 것을 입어야 하고, 죽을 몸이 죽지 않을 것을 입어야 합니다."(고전 15:53) 한스 큉은 부활 전의 인간의 몸과 부활 후의 인간의 몸을 마치 애벌레와 나비의 관계처럼 묘사하며, 우리의 몸이 극단적인 변형을 거치게 되겠지만 여전히 우리의 정체성은 남게 될 것이라고 생각한다. "이것은 죽은 애벌레의 고치로부터 날아오르는 나비의 새로운 존재 양식과 비교할 수 있을 것이다. 동일한 생명체가 낡은 존재 양식(애벌레)을 벗어버리고 생각도 할 수 없던 새로운 존재 양식, 완전히 해방된 공기처럼 가벼운 존재 양식(나비)을 취하듯, 하나님에 의한 우리 존재의 변화 과정도 그런 식으로 표상할 수 있을 것이다."

넷째, 부활은 예수 혼자만의 일회적 사건이 아니다. 사도신경에서 예수가 "죽은 자 가운데서 다시 살아나시며"라고 고백할 때, 이것은 예수가 지옥에 있는 죽은 자들을 뒤에 남겨두시고 홀로 살아나셨다는 것을 의미하지는 않는다. 오히려 예수가 죽은 자들을 모두 자신에게로 모아서 함께 데리고 부활하셨다는 것을 의미한다고 일찍이 여러 교부들의 설교는 증언하고 있다. 또한 바울은 이러한 예수의 부활 사건이 미래에 모든 사람들에게 일어날 것이라고 말한다. "이제 그리스도께서는 죽은 사람들 가운데서 살아나셔서, 잠든 사람들의 첫 열매가 되셨습니다."(고전 15:20) 부활은 인간의 궁극적 희망이며 완성이다. 죽은 자와 죽임을 당한 자는 다시 살아나야 하며, 그뤼네발트의 〈이젠하임 제단화〉 앞에서 기도하던 문둥병자들도 새로운 몸으로 치유를 받아야 한다. 하나님의 사랑과 정의를 그 어떤 다른 방식으로 이해할 수 있단 말인가? 예수의 부활은 인간의 보편적 부활의 첫 열매, 첫 신호탄이다. 그것은 죽음을 죽이신 하나님의 사랑의 행동이다. "죽음을 삼키고서, 승리를 얻었다. 죽음아, 너의 승리가 어디에 있느냐? 죽음아, 너의 독침이 어디에 있느냐?"(고전 15:54-55) 인간의 생물학적 죽음과 모든 죽음의 현실 자체가 이제 하나님에 의해 죽임을 당했다는 것이다. 죽음이 죽었다. 여기에 희망의 이유가 있다.

6

"하늘에 오르시어 전능하신
하나님 우편에 앉아 계십니다"

ascendit ad coelos

sedet ad dexteram Dei Patris omnipotentis

소련의 인공위성

고대 사람들에게 하늘은 하나님의 영역이었다. 한스 큉은 구약성서의 엘리야나 에녹의 승천뿐 아니라 헤라클레스, 엠페도클레스, 로물루스, 알렉산더 대왕, 티아나의 아폴로니오스 등 여러 영웅들의 승천 이야기가 고대인들에게는 전혀 이상한 것이 아니었다고 말한다. 때때로 기독교인들은 예수의 승천을 축하하는 축일에 그리스도상을 교회 지붕 위로 끌어올려 실감나게 보여주기도 한다. 물론 이러한 여러 승천 이야기는 고대의 신화론적인 세계관 곧 천국-지상-지옥이라는 3층적 세계관을 전제하고 있는 것이며, '하늘로 승천하였다'는 것이 실제로 의미하는 것은 '하나님에게로 돌아갔다'는 것이다. 그러나 더 이상 우리는 하늘로 승천했다는 것과 하나님에게로 돌아갔다는 것을 동일하게 여기는 세계관 혹은 우주관을 가지고 있지는 않다. 한국인으로서도 우리는 인간의 운명의 마지막을 '돌아가셨습니다'라고 표현하지만, 어디로 돌아가는지에 대한 구체적인 장소는 언급하지 않는다. 점차 우리는 전통적 의미에서의 천국을 상실하였다. 그리고 여기에 결정적인 공헌을 한 사건이 바로 소련의 인공위성일 것이다.

유리 가가린은 1961년 4월 12일에 인공위성 보스토크 1호를 타고 인류 최초로 지구 궤도를 1시간 48분 동안 일주하는 첫 우주비행을 하였다. 이를 두고 소련의 흐루시초프 서기장은 이렇게 말했다. "우리는 사제들을 통해 천상의 낙원에 대해 들어왔습니다. 그러나 우리는 스스로의 힘으로 그 천상의 낙원이 과연 어떤 것인지를 보고 싶었습니다. 그래서 우리는 유리 가가린이라는 정찰병을 파견했지요. 하지만 그는 지구를 돌고 난 뒤 하늘에서 아무것도 발견하지 못했습니다. 가가린의 말에 의하면 하늘에는 다만 칠흑 같은 어둠만이 있을 뿐이었죠. 거기에는 에덴동산도 없었고 낙원 비슷한 어떤 것도 없었습니다."

천상병의 〈귀천〉

우리는 하늘에 계신 하나님에게 기도할 때, 더 이상 문자적
인 의미에서 지구 위의 무중력 공간에 하나님이 계시다고 이
해하지는 않는다. 지옥의 저주받은 자들을 위해 기도할 때 땅
밑에는 지옥이 아니라 뜨거운 용암이 자리하고 있다는 것도
안다. 의사가 사망선고를 한 후 다른 적합한 말을 찾지 못해서
그저 '돌아가셨습니다'고 말하는 것처럼, 우리는 어디로 돌아
가는 것인지 알지 못해 여전히 하늘로 돌아가는 것으로 시적
(詩的)으로 표현한다. 예수가 하늘로 승천했다고 고백하는 것
은 그가 단지 소멸하지 않고, 부활하여 하나님에게로 돌아가
하나님과 지금 함께 계신다고 믿는다는 것이다. 이것은 과학
적 진술이 아니며 시적 언어를 사용해 표현한 인류의 궁극적
운명에 대한 종교적 직관이다. 하늘로 돌아가는 것은 하나님
에게로 돌아가는 것이다. 우리 존재의 근거로 되돌아감이다.
귀천(歸天)은 곧 귀신(歸神)이다. 하늘을 항상 아파했던 시인
천상병에게 〈귀천〉은 아름다운 세상 소풍을 마치고 마치 아
침에 김밥 싸주시던 어머니 같으신 하나님의 품으로 돌아가는

길이다.

> 나 하늘로 돌아가리라
>
> 아름다운 이 세상 소풍 끝내는 날
>
> 가서, 아름다웠더라고 말하리라⋯⋯
>
> (천상병, 〈귀천〉 중)

하나님의 오른편에 계신 예수

중세의 예술가들은 예수가 하나님의 오른손 위에 앉아 있는 모습을 종종 회화적으로 표현하였다. 여기서 하나님의 "우편(dextera)"은 하나님의 "오른손"을 또한 의미할 수 있기 때문이다. 어쨌든 우리는 이러한 공간적 메타포를 통해 전달하고자 하는 의미가 무엇인지 물어야 한다. 예수가 왼편이 아니라 오른편에 계시다는 것이 왜 중요한가? 고대에는 왕 혹은 통치자의 우편 자리는 그의 권한을 온전히 위임받은 대리인 혹은 왕의 아들이 자리하는 특별한 위치를 의미했기 때문이다. 예를 들어 시편 110편 1절은 이렇게 노래한다: "내가 너의 원수들을 너의 발판이 되게 하기까지, 너는 내 오른쪽에 앉아 있어라." 왕이 자신의 오른쪽에 누구를 초대한다는 것은 초대받은 자에게 특별한 지위와 권력을 부여한다는 뜻이었다. 곧 사도신경이 지금 예수가 하나님의 우편에 앉아 계시다고 고백하는 것은 예수가 하나님의 특별한 존재 곧 독생자라는 것을 고백하는 것이다. 그래서 판넨베르크는 이렇게 말한다. "이런 점에서 '하나님의 우편'에 앉아 실행하는 예수 그리스도의 세계 통치는 실제로 예수가 창조의 중재자요 '독생자'라는 진실과 일치한다."

7

"거기로부터 살아 있는 자와 죽은 자를
심판하러 오실 것입니다"

inde venturus est

iudicare vivos et mortuos

심판자 예수

사도신경은 인류의 마지막에 최후의 심판이 있을 것이라고 고백한다. "거기로부터(*inde*, from that place)"라는 말은 바로 앞의 문장이 말하는 곳으로부터 심판자가 오신다는 뜻이다. 곧 하늘로 돌아가셔서 하나님 우편에 앉아 계시던 그곳에서 다시 심판하러 오신다는 것이다. 이것은 곧 다른 어떤 이도 아닌, 예수 그리스도가 바로 최후의 심판자라는 것을 고백하는 것이다. 지구의 종말에 대해 수많은 할리우드 영화가 우리로 하여금 최후의 심판을 끔찍하고 피해야 할 우주적 대재앙으로 묘사했지만, 사실 기독교인들에게 최후의 심판은 근원적으로 희망의 메시지이다. 산상설교에서 가난한 사람, 슬퍼하는 사람, 온유한 사람, 의에 주리고 목마른 사람, 자비한 사람, 마음이 깨끗한 사람, 평화를 이루는 사람, 의를 위하여 박해를 받는 사람은 복이 있고 하늘나라가 그들의 것이라고 선포한 바로 그 예수가 그러한 팔복의 지연된 현실을 이제 실현시키고자 오신다는 것은 위협의 메시지가 아니라 희망의 메시지이다. "너희는 기뻐하고 즐거워하여라. 하늘에서 받을 너희의 상이 크기 때문이다"(마태 5:12)라고 예수는 말한다.

미켈란젤로의 프레스코 벽화 〈최후의 심판〉은 기독교 종교 안에 근원적으로 내재한 종말에 대한 희망을 생생하게 예술적으로 증언하고 있다. 〈최후의 심판〉 벽화의 중앙에 자리 잡은 예수는 마치 자신의 옆구리에 나 있는 선명한 창자국의 상처를 보여주려는 듯 오른손을 번쩍 치켜들고 있다. 감상자의 시점을 바로 이곳으로 자연스럽게 집중시킨다. 심판하러 오실 이가 우리를 너무 사랑하셔서 자신을 십자가 위의 고깃덩어리로 내어주시고 상처 받고 죽기까지 하신 바로 그 예수라는 것을 웅변적으로 보여주는 것이다. 십자가의 예수가 바로 심판자 예수이다. 상처 입은 예수가 상처 입은 인류를 치유할 바로 그 예수인 것이다. 여기에 인류의 최후 희망이 있다.

악의 얼굴

　최후의 심판은 "살아 있는 자와 죽은 자" 모두를 대상으로 한다. 마치 죽음이 빈부의 차이를 넘어 모두에게 평등하게 찾아오듯, 최후의 심판도 생사의 유무를 넘어서 인류를 궁극적으로 평등하게 만든다. 모든 인류는 하나님의 심판 아래에 놓여 있는 것이다. 기독교는 인류의 죄악된 현실을 결코 경시하지 않는다. "마음은 원하지만, 육신이 약하구나!" 하고 제자들을 두고 탄식하신 예수처럼(마가 14:38), 그리고 "나는 선을 행하려고 하는데, 그러한 나에게 악이 붙어 있다"며 자신을 "죽음의 몸"에 비유한 바울처럼(로마 7:21-24), 최후의 심판은 내 자신의 이율배반적이고 모순적인 존재를 결코 애매모호하게 정당화시키지 않는다. 내 자신이 바로 죄의 모순 자체이다. 하나님으로부터 유래한 내 자신이지만, 자꾸 하나님에게서 멀어지려고만 한다. 그리스도의 십자가는 내 자신의 죄악을 드러낼 뿐 아니라, 내 자신의 최선도 마찬가지로 심판 아래 놓여 있다는 사실을 드러낸다. 내 자신의 최선에는 항상 내 자신의 죄악이 몰래 숨어 있기 때문이다.

한스 큉은 악의 세력을 경시하게 만드는 두 가지 형태의 종교적 오류를 피해야 한다고 말한다. 첫째가 바로 악의 "인격화(人格化)"이다. 그것은 사탄과 같은 악한 영적 존재가 인간을 침범하여 완전히 조종한다는 신화론적 생각이다. 대표적인 이원론적 종교인 조로아스터교의 창시자 조로아스터는 이렇게 말했다고 전해진다. "애초부터 두 개의 영은 자신들의 본성, 선과 악을 선언했다. 생각과 말과 행동에서 이 두 영 가운데 악은 가장 나쁜 일을 하기로 선택했다. 그러나 최고의 성령은 변치 않는 하늘에서 스스로 정의와 함께 있다." 인간과 세계 안의 모든 악한 일들은 악한 영 때문이고, 모든 선한 일들은 선한 영 때문이라는 이분법적 논리이다. 그러나 기독교는 하나님을 신앙할 뿐 악마를 신앙하지는 않는다. 비록 악마가 존재한다 하더라도 그가 하나님과 동일한 힘을 가진 존재는 아니며, 만물의 주재자이신 전능하신 하나님의 통제 아래에 있는 것으로 생각하기 때문이다. 이유를 알 수 없는 고난의 이유에 대한 깊은 성찰을 제공하는 성경의 욥기에서도 악마는 스스로 어떠한 일도 주도적으로 할 수 없는 존재이며 항상 하나님의 허락을 받아야 하는 것으로 나온다. 사도신경은 예수의 지옥 하강을 고백하며, 지옥에 있는 악의 세력은 그리스도에 의해 이미 그리고 궁극적으로 돌이킬 수 없는 방식으로 패배했다고 여긴다. 사도신경이 악마를 언급하지 않는 것은 당연한 일이다. 우리는 자신의 범죄를 단지 악마의 조종과 유혹 때문이라고 변명하여 스스로의 책임성을 평가절하해서는 안 된다. 히틀러나 스탈린이 단지 사탄에 의해 조종을 당한 희생자라고 생각하는 것은 인간의 궁극적인 자유와 책임성을 회피하려는 기만이다.

둘째로 피해야 할 오류는 바로 악의 지나친 "사사화(私事化)"이다. 곧 악을 단지 철저하게 개인의 사적인 일로 치부하고 객관적 실체로 존재하는 악의 체계, 악의 구조, 이른바 구조적 악을 무시하는 경향이다. 어쩌면 이것은 앞의 악의 "인격화"에 대한 오해와 충돌한다고 생각할지 모른다. 그러나 사실 그렇지 않다. 악은 분명 인간 개개인의 잘못된 선택에서 기인하지만, 이러한 악을 선택한 결과들은 인간의 개인적 차원을 떠나서 엄연하게 존재하는 객관적인 악의 세력 혹은 악의 구조로 고착되기 때문이다. 그래서 미국의 신학자 라인홀드 니버는 『도덕적 인간과 비도덕적 사회』라는 저작에서 인간 개개인은 도덕적일 수 있지만, 사회는 결코 도덕적이지 않다는 유명한 관찰을 남겼다. 아무리 처음에 선하였던 사람도 비도덕적인 사회 구조 안에서는 비도덕적인 악을 종종 행하게 된다는 것이다. 우리는 이미 나치의 아우슈비츠 수용소가 보여주는 제도화된 악 혹은 악의 관료주의를 잘 알고 있다. 요컨대 악은 본질적으로 개인들의 악이지만 동시에 개인들의 악의 총합 이상의 것이다. 악의 얼굴은 개개의 죄인들이 함께 잘못 그려낸 지구의 초상화이다.

신은 보복하지 않는다: 지옥은 영원한가?

'지옥의 존재'에 대해 믿는 것과 '지옥의 영원성'에 대해 믿는 것은 구분되어야 한다. 보통 지옥설 혹은 연옥설을 만든 최초의 두 신학자로 이집트 알렉산드리아의 클레멘스와 오리게네스를 꼽는다. 스승과 제자인 이 둘은 구약성서에 나오는 신의 징벌 도구로서의 불과 신약성서에서 예수가 언급하는 불에 의한 세례라는 두 생각에 기초하여 연옥의 이론을 최초로 제시했다. 클레멘스는 연옥의 불이 복수를 위함이 아니라 천국에 들어가기 전 영혼의 정화를 위함이라고 분명히 밝힌다. "신은 보복하지 않는다. 보복이란 악을 악으로 갚는 것인데, 신은 선을 위해서만 징계하기 때문이다."(『스트로마타』, VII, 26) 그의 제자인 오리게네스도 불의 세례가 바로 이러한 정화를 위한 임시적인 하나님의 조치라고 여겼다. "주 예수 그리스도께서 불의 강에 불의 창을 들고 서서 죽은 뒤 낙원에 가게 될, 그러나 정화를 받지 못한 모든 자들에게 이 강에서 세례를 주어 원하는 곳으로 가게 해주신다." 이처럼 오리게네스는 하나님의 끝없는 사랑이 궁극적으로 모든 존재를 구원하실 것이라는 "만물의 회복(*apokatastasis ton panton, restitutio omnium*)"에 대해 가르쳤다. 오리게네스와 유사하게 니사의 그레고리우스, 디디모스, 타르수스의 디오도르, 몹수에스티아의 테오도르, 예로니모와 같은 고대 교회의 중요한 교부들도 지옥 벌은 영원한 것이 아니라 일정한 기간을 가진다고 생각했다. 하지만 543년 콘스탄티노플 공의회는 이러한 오리겐주의자들을 비판하며 지옥 벌은 시간적으로 한정된 것이 아니라 영원히 계속된다고 하였다. 그래서 이후에 단테의 『신곡』에 나오는 지옥 입구에는 이런 말이 걸리게 된다. "여기에 들어오는 자들은

모든 희망을 버려라!" 하지만 하나님의 희망마저도 버려야 하
는가?

나사렛의 예수는 지옥의 설교자가 아니었다. 그는 하나님
의 나라에 대해 우리가 알기를 원했다. 계몽주의 이후 인류가
교육학과 형사재판의 영역에서 죄에 대한 순전한 보복으로서
의 형벌제도는 폐기되어야 한다고 주장한 이래로, 많은 이들
이 영원한 지옥은 순전히 인도주의적 이유에서도 설득력이 없
다고 생각한다. 나는 최후의 심판이 없다고 말하지 않는다. 나
의 죄성과 내가 만들어내는 모순된 현실을 볼 때 나는 분명 마
지막에 심판을 받아야 한다. 그러나 나는 하나님이 나의 죄악
(罪惡)을 심판하시는 것이지, 나의 인격(人格) 곧 내 존재 자체
를 심판하시려는 것이 아니라고 또한 믿는다. 그렇기에 지옥
은 영원한 것이 아니라 한시적인 것이다. 이를 논리적으로 설
명해보면 다음과 같다.

1) 죄로 인해 실제로 피해를 당하는 이는 하나님일 수 없으
며 죄인 그 자신 혹은 다른 피조물이다. 왜냐하면 하나님은 변
하지 않는 존재이시기 때문이다.(Augustine, *De Genesi adversus*

Manicheos 1.8.13–1.8.14; *Confessiones* 7.10.16) 오직 피조된 존재만이 변할 수 있으며 죄로 인해 피해를 당할 수 있다.

2) 영원한 하나님의 존재와 비교할 때 그 어떤 피조된 존재도 무한한 가치를 지니지 못한다. 따라서 유한한 가치를 지닌 피조물에게 가해진 피해는 어떤 방식과 강도와 기간에 있어서든 항상 논리적으로 유한할 수밖에 없다.

3) 아우구스티누스에 따르면, "정의는 각자에게 자신의 몫을 주는 것이다." 따라서 만약 어떤 죄에 대한 징벌이 무한하게 연장된다면, 그것은 하나님이 보시기에 우주의 아름다운 균형과 질서를 깨뜨리는 참을 수 없이 추한 것이다.

4) 결과적으로 정의라는 죄와 벌의 공정한 비례 원칙에 따르면 형벌의 장소로서 영원한 지옥은 존재할 수 없고 한시적 지옥만이 존재할 수 있다. 기독교는 신학적으로 영원한 지옥을 필요로 하지 않는다. 하나님은 우리의 선한 모습을 위해서 유한한 기간 동안 우리의 죄악을 심판하시고 징계하시고 단련

하시기 때문이다. 십자가는 바로 그러한 하나님의 사랑의 신비가 보여준 징표이다. 하나님은 영원한 지옥이라는 복수 없이 우리를 구원하신다. 지옥은 영원하지 않다.

8

"나는 성령을 믿습니다"

Credo in Spiritum Sanctum

언어의 그물로 잡을 수 없는 바람 같은 분

사도신경은 성부, 성자, 성령의 삼위일체 하나님에 대한 세 부분의 신앙 고백으로 나누어진다. 하지만 흥미롭게도 사도신경은 성부 하나님이 전능하신 아버지이며 천지의 창조주라고 고백하고 있으며, 성자 하나님인 예수 그리스도의 출생·죽음·부활·재림과 최후의 심판을 비교적 자세하게 고백하고 있는 반면에, 성령 하나님에 대해서는 아주 대조적으로 간략하게 "나는 성령을 믿습니다"라고만 하고 있다. 다른 그 어떤 추가적 설명도 제공하고 있지 않다. 니케아 신경에서도 "우리는 성령을 믿습니다"는 간략한 진술만이 있으며, 그 뒤에는 예수 그리스도의 신성을 부정하는 자들에 대한 저주문으로 끝난다. "말할 수 없는 것에 대해서 우리는 침묵해야 한다"고 20

세기의 위대한 언어 철학자 비트겐슈타인이 말했던가? 어쩌면 초대 기독교인들은 가장 신비롭고 이해하기 힘든 성령 하나님에 대해 어떻게 말해야 할지 잘 몰랐으며, 그래서 차라리 침묵하고 싶었을지도 모른다. 마치 바람이 불고 싶은 대로 불며 그것이 어디에서 와서 어디로 가는지 우리가 알지 못하고 단지 그 소리만 듣는 것처럼, 성령 하나님은 인간의 모든 언어와 이해를 넘어서는 분이다.(요한 3:8) 성령은 인간의 언어라는 그물로는 붙잡을 수 없는 바람 같은 존재이다. 하지만 동시에 기독교인들은 성령에 대해 단지 침묵할 수는 없었다. 그들의 성령 체험은 이러한 침묵을 지키기에는 너무나도 생생하고 엄청나고 압도적인 하나님 경험의 사건이었기 때문이다. 예수가 승천한 후 오순절에 하늘에서 세찬 불의 바람처럼 내려오는 성령의 임재를 체험한 예수의 제자들은 여러 민족의 언어들을 기적처럼 말하며 복음을 선포하기 시작했다.(사도행전 2장) 이 때문에 교회는 바로 이 오순절의 성령강림 사건을 자신의 시작점으로 이해한다. 교회는 부활하신 주님의 영의 역사에서 시작되어 지금까지 이어지는 것이다.

필리오케 논쟁

삼위일체는 가장 깊은 신비이다. 성령을 체험한 사건은 기독교인들로 하여금 창조주 하나님과 구세주 예수 그리스도와 함께 생명의 하나님 성령을 고백하는 삼위일체의 신앙을 갖게 하였다. 하나님은 성부, 성자, 성령의 세 분이면서 또한 한 분이라는 삼위일체의 궁극적 신비에 대한 고백은 이후 많은 해석의 난제들을 가져왔다. 가장 대표적으로 이른바 "필리오케(*filioque*, "그리고 성자로부터")" 논쟁은 서방의 로마 가톨릭교회와 동방 정교회가 나뉘는 근본적인 이유가 되었다. 원래 니케아-콘스탄티노플 신경(381년)은 성령이 성부 하나님으로부터만 유래하는 분으로 이해했다: "우리는 성령을 믿습니다. 성령은 주님이시며 생명의 수여자이십니다. 그는 성부로부터 나옵니다. 그는 성부 그리고 성자와 함께 경배를 받으시며 영광을 받으십니다. 그는 예언자들을 통해 말씀하셨습니다."

그러나 서방교회는 성령이 "성부로부터" 유래한다는 고백 뒤에 "그리고 성자로부터" 유래한다는 구절을 447년 톨레도 공의회에서부터 추가하게 된다. 결과적으로 동·서방의 교회는 삼위일체 하나님에 대한 서로 다른 신학적 이해를 가지게 된 것이다. 서방교회는 성부로부터 성자가 유래하고(성부→성자), 다시 성부 "그리고 성자로부터(*filioque*)" 성령이 유래한다(성부&성자→성령)고 주장한다. 반면 동방교회는 성부로부터 성자가 유래하고(성부→성자), 그리고 오직 성부로부터만 성령이 유래한다(성부→성령)는 원래의 신앙 고백을 고수하였다. 오늘날까지 동방 정교회는 "그리고 성자로부터"라는 첨가문이 없는 381년의 니케아-콘스탄티노플 신경을 받아들이며 사용한다. 이러한 신학적 차이는 1054년 동·서방 교회의 대분열을 가져왔으며, 서방 가톨릭교회와 동방 정교회는 서로를 파문하며 결국 갈라서게 된다. 이처럼 성령에 대해 말한다는 것은 지극히 심각하면서 어려운 일인 것이다.

아우구스티누스와 바닷가 소년

아우구스티누스에 대해서 전해 내려오는 유명한 일화가 있다. 그는 하나님의 삼위일체의 신비에 관한 책을 집필하다 난관에 봉착해서 자신의 고향 북아프리카의 지중해 연안을 천천히 거닐고 있었다. 그는 자신의 생각이 바닥나서 더 이상 글을 쓸 수가 없다는 것을 알았다. 이러한 생각을 하면서 바닷가 모래사장을 산책하던 중에 한 소년을 만나게 된다. 그 소년은 자신의 작은 손에 들어가는 양만큼의 바닷물을 손으로 떠서는 미리 모래를 파서 만들어둔 구덩이에다 부어넣고 있었다. 아우구스티누스는 그 아이가 똑같은 일을 계속해서 반복하는 것을 의아해하면서 지켜보았다. 얼마 있다가 호기심에 못 이긴 그는 그 소년에게 물었다. "얘야, 지금 무얼 하고 있니?" 소년의 대답은 그를 더욱 당혹스럽게 만들었다. "저는 지금 여기의 모래 구덩이에다가 저 바다를 옮겨 담고 있는 중이에요." 아우구스티누스는 그 소년의 어리석은 행동을 그만두게 하고 싶었다. "꼬마야, 어떻게 거의 무한한 바닷물을 이 작은 모래 구덩이 안에 옮겨 담을 수 있겠니?" 그러자 그 소년은 이렇게 대꾸했다. "아우구스티누스 선생님, 그렇다면 선생님은 어떻게 하나님의 무한한 신비를 단지 인간의 말로 기록된 책에 다 담을 수 있을 것이라고 기대하세요?" 큰 충격을 받은 아우구스티누스는 정신을 차리고 소년을 찾았으나 이미 그는 사라진 뒤였다는 것이다. 우리는 나중에 아우구스티누스가 자신의 한 설교문에서 이렇게 말하고 있는 것을 발견한다. "네가 만일 하나님을 이해하였다면, 그것은 하나님이 아니다.(*Si enim comprehendis, non est Deus*)"

스데반의 삼위일체 체험:
우리 위에, 우리를 위해, 우리 안에 계신 하나님

삼위일체는 인간의 언어나 이미지를 넘어서는 하나님의 궁극적 신비이다. 서방교회의 성화는 종종 삼위일체를 세 사람 혹은 세 개의 머리나 세 개의 얼굴을 가진 사람 등으로 교육적 목적을 위해 과감하게 표현하기도 한다. 하지만 동방교회는 다마스쿠스의 요한의 영향을 받아 삼위일체 성상을 그릴 수 없다는 금지령을 엄격하게 지켰다. 안드레이 루블로프의 유명한 삼위일체 이콘화도 사실 삼위일체를 아브라함에게 나타난 세 천사들의 형상으로 상징적으로 표현하고 있을 뿐이다. 이처럼 삼위일체는 인간의 예술적 그림이나 신학적 언어를 넘어서는, 표현할 수 없는 신비이다. 그래서 한스 큉은 삼위일체에 대해 성경이 말하고 있는 것에 기초하는 것이 최선의 길이라고 제안한다. 특히 그는 성경에 나오는 스데반의 순교 직전의 환상이 많은 도움을 준다고 생각한다. "그런데 스데반이 성령이 충만하여 하늘을 쳐다보니, 하나님의 영광이 보이고, 예수께서 하나님의 오른쪽에 서 계신 것이 보였다. 그래서 그는 '보십시오, 하늘이 열려 있고, 하나님의 오른쪽에 인자가 서 계신 것이 보입니다' 하고 말하였다."(사도행전 7:55-56) 한스 큉은 스데반의 환상 체험에서 삼위일체 하나님을 이렇게 발견한다.

성령은 스데반 편에, 곧 스데반 자신 안에 계신다. 하나님께로부터 나오는 보이지 않는 힘과 권능인 성령은 스데반을 온통 채우고 그의 눈을 열어주신다. "성령 안에서" 하늘은 스데반에게 자신을 드러낸다. 하나님 자신은 여전히 감춰진 채이며, 인간과 유사하지 않다. …… 끝으로 예수는 사람의 아들로 나타나는데, "하나님의 오른편에" 서 계신다. 다시 말해, 하나님과 주권(왕좌) 공동체를 이루시며, 똑같은 권능과 영광을 지니고 계신다. …… 그러므로 우리는 아버지, 아들, 영의 관계를 다음과 같이 둘러 표현할 수 있을 것이다. 하나님은 볼 수 없는 아버지로서 우리 '위에' 계시다. 예수는 사람의 아들로서 하나님과 '함께' 우리를 '위해' 계신다. 성령은 하나님의 권능과 사랑에서 나오며, 우리 '안에' 계신다.■

우리에게 성령은 어떤 분인가?

우리에게 성령은 무엇을 의미하는가? 첫째로, 성령은 생명의 숨이다. 니케아-콘스탄티노플 신경은 성령을 "생명의 수여자"로 고백하고 있다. 성서에 나오는 영의 가장 기본적인 문자적 의미는 공기의 움직임, 바람, 폭풍 혹은 숨을 뜻한다. 이러한 영이 특히 하나님의 영인 성령을 가리키는 경우에는 생명의 원리로 이해되었다. 창세기 1장 2절에 따르면, "땅이 혼돈하고 공허하며, 어둠이 깊음 위에 있고, 하나님의 영은 물위에 움직이고 계셨다." 창조의 순간에 이미 성령이 바람처럼 생명의 숨으로 활동하고 계셨다는 뜻이다. 또한 하나님이 인간을 흙으로 만들고 코에 "생명의 기운"을 불어넣자 인간은 살

■ 한스 큉, 『믿나이다』, 212-213. 문체상의 이유로 약간의 표현들을 수정했다.

아 있는 생명체가 되었다고 성경은 말한다.(창세 2:7) 이처럼 하나님의 영은 문자적으로 바람에 가까우나, 그 기능상으로 볼 때 창조의 에너지 혹은 생명의 힘으로 이해될 수 있다. 생명의 숨으로서의 성령은 살아 숨 쉬는 모든 존재 속에 거주하고 있다. 예를 들어 욥기 27장 3절은 이렇게 말한다. "나의 생명이 아직 내 속에 완전히 있고 하나님의 기운이 오히려 내 코에 있느니라." 생명 원리로서 하나님의 영이 인간 안에 있을 때에만 인간은 살아 있을 수 있고, 하나님의 영이 떠날 때 인간은 죽게 되는 것으로 성서는 이해한다. 또한 인간의 영원한 삶과 성령은 밀접한 관계를 가진다. 기독교 철학자 헤겔은 이렇게 말한다. "영원성이란 마치 산(山)들이 견디어내듯이 단지 지속이 아니다. 오히려 영원성은 앎이다. 이렇게 이해되었을 때, 영원성은 영(靈, Geist) 그 자체인 것이다."

둘째로, 성령은 스데반의 체험에서처럼 지금 우리 '안에' 함께 계시는 하나님의 존재 양식이다. 성령은 개인과 세계 전체에 내재하는 현존적 하나님이다. 성령은 세계에 하나님이 부재하는 것이 아니라 시간과 장소를 초월하여 항상 세계 속에 계신다는 것을 뜻한다. 하나님의 초월성은 단지 세계 밖에 하나님이 계신다는 뜻이 아니라, 특정한 공간이나 시대를 초월하여 항상 보편적으로 세계 안에 임재하신다는 뜻이다. 초월성과 내재성은 단지 상반되는 개념만이 아니라 서로가 서로를 설명한다. 하나님의 영은 세계 모든 곳에 임재하기 때문에 초월적인 존재이며, 그를 피해서 도망칠 수는 없다. "내가 주의 신을 떠나 어디로 가며 주의 앞에서 어디로 피하리이까?" (시편 139:7)

셋째로, 성령은 진리의 계시자이다. 그는 하나님의 진리를 우리 하나하나에게 드러내준다. 옳은 의미에서 이해된 성경 영감설에 따르면, 성령은 성경이 쓰이고 해석되는 과정에 기계적 조종이 아니라 유기적 영감으로 인간을 통해 개입한다. 또한 성령은 예언자들을 통해서 각 시대에 필요한 사회적 비판과 희망의 메시지를 전달하는 역할을 한다. 성령은 단지 기독교 문화권만이 아니라 기독교 이전의 문화권 그리고 비기독교 문화권에서도 양심의 소리로서 인류를 인도하는 등불과 같은 존재이다.

넷째로, 성령은 삶의 성화자이다. 성령은 개인의 삶을 보다 거룩하게 성화시키는 역할을 한다. 즉 우리가 좀 더 신의 모습과 신의 사랑에 가까워질 수 있도록 돕는다. 성령은 예수 그리스도와 기독교 신자 사이의 살아 있는 모방의 관계를 만듦으로써, 이러한 성화의 과정을 끊임없이 이루어나간다.

마지막으로, 성령은 교회의 인도자이다. 성령은 교회의 종교적 삶 전체를 인도한다. 성직자를 임명할 때 안수를 통해 성령이 전해지는 것으로 이해되었으며, 바로 이 때문에 그 사람이 사도적 권위를 가지는 것으로 여겨진다.

또한 성령은 세례와 성찬식 같은 교회의 여러 성례전에 임재함으로 그것들을 성스럽게 만든다. 이처럼 교리의 결정, 성직자의 임명, 교단의 정책 수립, 성례전의 집행, 기도 등등 모든 교회의 삶에 성령이 임재하여 인도하신다고 기독교인들은 고백한다. 바로 이 때문에 모든 절망적인 기독교인들의 범죄에도 불구하고 우리는 "교회를 믿습니다"라고 고백할 수 있는 것이다. 이것은 교회의 현실 존재를 고백하는 것이 아니라 성령 안에서의 교회의 희망을 고백하는 것이다.

성령은 교회를 권위주의적 체계로 만드시려는 것이 아니라, 자유로운 하나님의 자녀들의 사랑의 사귐이 되도록 인도하신다. 사도 바울이 고백하듯, "주님은 영이십니다. 주님의 영

이 계신 곳에는 자유가 있습니다."(고후 3:17)

9

"거룩한 공교회와 성도의 교제를 믿습니다"

sanctam Ecclesiam catholicam

sanctorum communionem

교회를 믿습니다?

물론 사도신경은 하나님에 대한 삼위일체적 신앙 고백에 이어서 "거룩하고 보편적인 교회(*sanctam Ecclesiam catholicam*)"를 믿는다고 고백한다. 그러나 기독교인은 성부, 성자, 성령의 삼위일체 하나님을 믿는 것과 똑같은 방식으로 교회를 믿지는 않는다.

가끔씩 우리는 거리에서 "교회 다니세요?"라고 묻는 이들을 접하게 된다. "예수를 믿으시나요?"라고 묻지 않고 "교회 다니세요?"라고 습관적으로 묻는 까닭은 무얼까? 교회가 아니라 예수를 믿어야 하는 것이 아닌가?

하나님을 믿는 것과 교회를 믿는 것 사이에는 신학적인 차이, 존재론적 차이가 있다. 이러한 둘 사이의 차이는 거룩한 하나님과 거룩함을 희망하는 교회, 거룩함의 현실과 거룩함의 희망 사이의 존재론적 차이로 설명할 수 있을 것이다.

교회란 무엇인가? 교회는 예수를 믿는 사람들, 예수를 사는 사람들의 공동체이다. 신행일치(信行一致), 바른 믿음과 바른 행동이 하나로 모아져 예수의 뜻을 드러내는 데 바로 교회의 존재 이유가 있다. 곧 교회 공동체의 근본 기능은 예수의 메시지인 말씀을 선포하는 것과 성례(성찬, 세례)를 거행하는 것이다. 종교개혁의 가장 중요한 문서 중 하나인 아우크스부르크 신앙 고백은 참된 교회의 두 가지 표지를 7항에서 이렇게 말하고 있다. "복음이 순수하게 선포되고, 성례들이 복음에 따라 올바르게 이루어지는 곳에 바로 하나의 거룩한 교회가 발견된다." 이 모든 것은 결국 예수의 일을 실행하는 것이다. 예수의 말과 실천이 있는 곳에 바로 교회가 있다는 것이다. 단지 예수를 믿는 것이 아니라 예수를 사는 것이 필요하다.

교회를 믿는다는 것은 무슨 뜻일까? 우선 교회가 물리적으로 존재하고 있다는 것을 믿는다는 의미는 아닐 것이다. 여기에 신앙이 필요하지는 않다. 단지 자신이 살고 있는 도시를 조금 걸어보면 아무런 신앙 없이도 교회의 존재를 눈으로 확인할 수 있다. 교회를 믿는다고 고백하는 의미는 사도신경에서 교회를 설명하는 두 가지 단어에 담겨 있다. 곧 교회가 "거룩하다"는 것과 교회가 "보편적이다"는 것을 믿는다는 것이다. 그러나 정말 교회는 거룩하고 보편적인가? 이러한 것들을 믿는 것은 정말 엄청난 신앙을 필요로 한다고 말할 수도 있을 것이다.

교회는 거룩한가?

경험적으로 교회는 전혀 거룩하지 않다. 최소한 우리는 거룩한 모습과 죄스런 모습이 혼재되어 있는 교회를 현실에서 경험한다. 교회의 범죄의 역사를 생각해보라. 한스 큉은 현재 독일의 출판 시장에서 가장 잘 팔리는 책이 기독교의 범죄 역사를 서술한 것이나 혹은 교회의 성(性)의 스캔들을 주제로 한 것들이라고 탄식한 적이 있다. 그는 교회의 범죄사 리스트에 여성 차별, 마녀 화형, 신학자 탄압, 이단자 박해, 반유대주의, 유대인 학살, 르네상스 교황들, 후스, 루터, 데카르트, 지오르다노 브루노, 갈릴레이, 칸트, 로이지, 떼이야르 드 샤르댕 등을 포함시킨다. 한국 교회를 생각하면 신사참배, 교회의 자녀 세습, 부동산 투기, 정권과의 야합, 세금 회피 등을 추가적으로 포함시킬 수 있을 것이다. 1989년에 독일 가톨릭교회에서 행한 설문조사에 따르면 전체 신자들 중에서 교황의 무오류설을 믿는 신자가 16%, 모든 유형의 낙태에 반대하는 신자가 23%, 인공적인 피임에 반대하는 신자가 고작 8%라는 것이다. 독일 가톨릭 신자의 대략 80% 정도가 교황의 결정들을 단지 무시해버린다는 사실은 결코 우연이 아닐 것이다. 개신교의 목사들이 더 나은 결과를 가질 수 있을지도 회의적이다. 한스 큉에 따르면, "실재하는 교회는 잘못을 범하기 쉬운 죄스러운 인간들로 이루어져 있기 때문에 죄스러운 교회다. …… 교회라 불리는 구체적 신앙 공동체는 거룩하며 동시에 죄스럽다." 교회는 하나님의 나라가 아니다. 자신이 하나님의 나라라는 착각을 버려야 한다.

그럼에도 불구하고 사도신경은 교회의 거룩성을 고백하고 있다. 이처럼 우리가 믿어야 하는 교회의 거룩성과 우리가 관찰하는 교회의 비거룩성 사이의 긴장을 어떻게 이해해야 하는가? 피터 버거는 세 가지 가능한 해석이 존재한다고 제안한다.

첫째는 가톨릭의 해석으로 교회가 실제로 "성자들"을 배출하였다는 것이다. 비록 신자들의 대다수가 전적으로 거룩하지는 못하다 할지라도 가끔씩 여기저기에서 교회의 거룩성을 지키고 대변하는 거룩한 성자들이 존재한다는 것이다. 인도의 테레사 수녀 같은 이가 여기에 해당한다는 것에 대해 별로 의심하는 사람은 없을 것이다. 둘째는 개신교의 해석으로 교회는 분명 죄인들의 집단이지만, 그럼에도 불구하고 동시에 하나님으로부터 의롭다고 인정받은 의인들의 집단이기도 하다는 것이다. 루터의 주장처럼 기독교 신자들이란 "의로우면서 동시에 죄스러운 존재(simul iustus et peccator)"이다. 따라서 이들로 구성되는 교회도 거룩한 교회이면서 동시에 죄스러운 교회라는 것이다. 교회의 거룩함이란 그 자체에 내재하는 거룩함을 가지는 것이 아니라 오직 하나님의 은혜에 기초한다는 해석이다. 셋째는 판넨베르크가 제시한 "예기적(豫期的) 서술법(prolepsis)"이라는 생각을 받아들인 피터 버거 자신의 해석이다. 예기적 서술이란 앞으로 닥칠 일을 미리 기대하거나 예상해서 말하는 것을 뜻한다. 교회는 현실에서는 전혀 거룩하지 못하지만, 미래의 희망에 대한 예기적 서술로는 거룩하다고 말할 수 있다는 것이다. 우리가 지금 희망 안에서 예기적으로 미리 말하는 교회의 거룩함이 구속사의 절정에 이르러 그리스도의 재림이 이루어질 때 실제로 완성될 것이라고 보는 입장이다. 피터 버거의 이러한 세 가지 해석을 단지 서로 배타적으로 이해할 필요는 없으며, 교회의 거룩성이 지닌 의미의 여러 차원들을 드러내고 있다고 생각한다.

교회는 보편적인가?

사도신경이 "보편적 교회(*ecclesia catholica*)"를 믿는다고 고백할 때, 이것은 로마 가톨릭교회를 믿는다는 것이 아니다. 여기서 사용된 라틴어 "카톨리카(*catholica*)"란 말은 원래 "보편적(καθολικά)"이라는 그리스어에서 온 것으로, 각 지역의 교회들과 구별되는 전체 교회를 가리키는 것이다. 교회는 단지 특정 지역의 고립된 개체들로만 존재하는 것이 아니라, 그것들이 모아져 하나의 보편적 교회 혹은 전체 교회를 형성한다는 뜻이다.

그렇다면 보편적 교회를 믿는다는 것은 구체적으로 무엇

을 뜻하는가? 피터 버거는 이렇게 해석한다. "그것의 가장 분명한 의미는 사람들의 국적, 인종, 계급, 성 혹은 어떤 다른 집단적 정체성에 관계없이 교회는 모든 사람에게 열려 있어야 한다는 것을 의미한다." 역사적으로 볼 때 이러한 철저한 보편성에 대한 관심이 처음에 유대교에서 기독교를 구분하게 만들었다. 사도 바울에 따르면, 교회 안에는 "유대 사람도 그리스 사람도 없으며, 종도 자유인도 없으며, 남자와 여자도 없습니다. 여러분 모두가 그리스도 예수 안에서 하나이기 때문입니다."(갈라 3:28) 이런 이유에서 한스 큉은 교회가 가장 민주적인 공동체가 되어야 한다고 주장한다. "교회는 귀족정치 제도나 군주정체(많은 이들이 이런 식으로 행동하고 있다)가 되어서는 안 된다. 원시 사도교회를 본받는 교회는, 가장 올바른 의미에서, 민주적 공동체일 것이다." 보편적 교회를 믿는다는 것은 모든 시대와 장소, 국적과 인종, 계급과 성차별을 초월하여 하나되는 인류를 지향하는 그리스도의 사랑을 신앙하는 것이다.

그러나 안타깝게도 우리가 경험하는 교회는 그리 보편적이지 않다. 다양한 교파들이 서로를 이단시하고, 여성은 아직 사제나 목사의 자리가 아니라 부엌의 자리에만 서게 되는 경우가 많으며, 가난한 자들은 장로가 될 꿈조차 꾸지 못하는 것이 현실이다. 김지하의 희곡『금관의 예수』에 등장하는 문둥이가 이렇게 생각하는 것은 어쩌면 당연하다. "성서 속의 예수는 죄인들의 친구인데, 현실 속의 예수는 문둥이의 친구가 아니다. 이 땅에서 예수는 깨끗하고 점잖고 잘 사는 사람들의 친구다." 이런 상황에서 보편적 교회를 믿는다는 것은 엄청난 신앙을 요구하는 일이다. 교회의 거룩성의 경우와 마찬가지로 교회의 보편성도 일종의 예기적 서술로서 이해되어야 한다. 교회는 오순절에 성령의 임재로 시작되었다. 바로 그 성령이 교회 안에 계시기에 "거룩하고 보편적인 교회"를 믿을 수 있는 것이다.

교회 밖에는 구원이 없는가?

교회 밖에는 구원이 없는가? 예수는 기독교인만을 구원하는가? 비기독교인은 지옥에 갈 수밖에 없는가? 그것이 하나님의 진정한 의도인가? 아주 오래전부터 전해지는 "교회 밖에는 구원이 없다"는 교리에서나, 지금도 전철 안에서 들을 수 있는 "예수천당, 불신지옥"의 구호에서는 다른 길은 없다는 것이다. 하나님은 기독교인만 사랑하는 것 같다.

"교회 밖에는 구원이 없다(*extra ecclesiam nulla salus*)"라고 처음으로 말한 사람은 키프리안이었다. 하지만 그의 진술은 아주 구체적인 정황을 지닌 말이었다. 3세기 북아프리카에서 로마 황제의 박해로 많은 기독교인들이 배교하는 사건이 일어난다. 나중에 이들을 어떻게 처리할 것인가를 놓고 교회에 분열이 생겼다. 한쪽에서는 배교자들에게 일정 기간 참회를 하도록 한 후 교회로 다시 받아들이자는 온건한 입장을 취한 반면, 다른 쪽에서는 교회의 거룩성을 지키기 위해 배교자들을 결코 용납해서는 안 된다고 주장하며 교회를 쪼개어 분파주의적 집단을 따로 형성했다. 키프리안의 진술은 이러한 기독교 분파주의자들에 대한 일종의 경고였으며, 하나의 교회를 지키려는 시도였다. 비록 그들이 개인적으로 높은 도덕성을 지니며 기독교의 이름을 위해 순교하기까지 할지라도, 하나의 교회를 분열시키고 떠난 분파주의자들로서 그들은 구원을 받을 수 없다. 왜냐하면 진정한 교회를 떠난 무리가 교회일 수는 없고, 그래서 "교회 밖에는 구원이 없기 때문이다." 하지만 이처럼 기독교인들 스스로의 분파주의에 대한 키프리안의 경고가 역사가 흘러감에 따라 구체적 정황은 망각된 채 비기독교인과 유대인을 정죄하는 일종의 보편적인 교리로 고착되었다. 결과적으로 기독교를 접해보지 않은 사람들은 구원을 받을 수 없는 것으로 여겨졌다.

신학자 존 힉은 이러한 배타주의적 태도에 대해 다음과 같은 평가를 내린다. "배타주의는 기독교인들만 구원을 받을 수 있다고 주장하고, 보다 좁게는 가톨릭의 전통적 교리에서처럼 '교회 밖에는 구원이 없다'고 주장한다. …… 이러한 입장은 기독교의 복음을 한 번도 접할 수 없었거나 혹은 수용하지 않은 대다수의 인류를 하나님이 영원한 형벌로 저주한다는 것을 믿을 수 있는 사람들에게만 설득력이 있는 견해이다. 개인적으로 난 그러한 하나님은 사실 악마와 같다고 생각한다!" 기독교 종교가 발생하기 이전에 살았던 사람들에게는, 혹은 지리적으로 기독교의 선교 지역 밖의 사람들에게는 기독교인이 될 수 있는 길이 없다. "교회 밖에는 구원이 없다"는 진술이 지닌 역사적 우연성과 궁극적인 신앙의 필연성을 우리는 올바르게 구분해야 할 것이다.

가톨릭교회는 제2차 바티칸 공의회(1962-65)에서 비기독교인에게도 구원의 가능성을 열어놓았다. "자신들의 실수 때문이 아니라, 어쩔 수 없이 그리스도의 복음과 교회에 대해서 무지하지만, 그럼에도 진지하게 하나님을 찾으며 하나님의 은혜를 힘입어서 양심의 소리가 명하는 대로 하나님의 뜻에 따라서 행동하는 사람들은 구원과 영생을 얻을 수 있다." 진정 양심의 소리를 따라 살았다면 그것이 하나님의 뜻을 따라 산 것이고, 이런 사람들에게는 구원의 가능성이 있다는 것이다. 칼 라너는 이러한 사람들을 가리켜 "익명(匿名)의 기독교인"이라고 불렀다. 익명의 기독교인이란 자신은 스스로가 기독교인이라는 것을 몰랐지만, 하나님이 내린 양심의 소리를 따라 살았기 때문에 알려지지 않았을 뿐 실제로는 기독교인으로 여겨질 수 있는 사람을 가리킨다. 그렇다면 플라톤, 이순신 장군, 간디, 성철 스님 같은 이들도 익명의 기독교인일 수 있는 것이다.

칼 라너의 "익명의 기독교인"이라는 포용주의는 네 가지 논지로 요약할 수 있다. (1) 기독교는 예수 그리스도 안에서 발견되는 하나님의 고유한 계시 위에 설립된 절대 종교이다.

하지만 이러한 계시는 2천 년 전에 구체적인 역사의 한 시점에서 일어난 사건이다. 이 시점 이전에 살았던 사람들 혹은 이 사건에 대해 전혀 들어보지 못한 사람들이 구원에서 제외된다고 생각하는 것은 모든 인류를 구원하고자 하는 하나님의 보편적 사랑의 의지와 조화될 수 없는 것이다. (2) 이런 이유에서 다른 종교들은 그 나름의 실수와 결함이 있지만, 그럼에도 불구하고 하나님의 구원의 은혜를 전달하는 불완전한 통로이다. 다른 종교들은 기독교 복음이 알려지기 전까지는 따라서 상대적인 타당성을 지닌다. 하지만 복음이 선포된 이후에는, 다른 종교들은 기독교적 입장에서 볼 때 타당성을 지니지 않은 것이다. (3) 따라서 타 종교를 믿는 다른 종교인들도 일종의 "익명의 기독교인"일 가능성이 있다. (4) 또한 다른 세계 종교들이 기독교의 선교에 의해 현실적으로 대체되지는 않을 것이다. 다양한 종교들의 공존은 인류 삶의 필연적 모습이며, 기독교는 다른 종교와 평화롭게 살아가는 법을 개발해야 한다.

성경에서 바울은 자신의 그리스 방문에 대해 이렇게 말한다. "내가 아테네 시를 돌아다니며 여러분이 예배하는 곳을 살펴보았더니 '알지 못하는 신에게'라고 새겨진 제단까지 있었습니다. 여러분이 미처 알지 못한 채 예배해온 그분을 이제 여러분에게 알려 드리겠습니다."(사도행전 17:23) 세계의 여러 종교인들이 알지 못한 채 예배했던 신은 사실 다름 아닌 기독교의 하나님이라고 바울이 주장한 것이다. 그런 이유에서 다른 종교들은 그 나름의 한계를 지니지만 그럼에도 불구하고 하나님의 구원을 전달하는 불완전한 통로이다. 그것은 타 종교들 자체의 내재적 진리의 힘이 아니라, 비록 그들은 인식하지 못하지만 기독교의 예수 그리스도라는 구원의 보편적 사건을 통해서만 가능하다.

구원은 하나님의 주권적 행동이다. 하나님이, 그리고 하나님만이 구원하신다. 교회가 구원하지는 않는다. 교회는 구원의 주체가 아니라 구원받는 객체인 것이다. 그리고 우리는 누가 진정한 의미에서 교회 안에 있는지 밖에 있는지를 확정적으로 말할 수 없다. 그것은 온전히 하나님의 주권이라고 고백해야 한다. 아우구스티누스가 지혜롭게 말했듯, "얼마나 많은 양들이 밖에 있는가, 얼마나 많은 늑대들이 안에 있는가!"

성도의 교제: 세 가지 의미

사도신경은 "상토룸 콤무니오(*sanctorum communio*)"를 믿는다고 고백한다. 좀 더 통상적으로 콤무니오 상토룸(*communio sanctorum*)이라고도 불리는 이 표현을 가톨릭은 "성인의 통공(通功)"으로 번역했고, 개신교는 "성도가 서로 교통하는 것"이라고 한다. 여기서 라틴어 "상토룸"은 문법적으로 볼 때 남성 복수 2격의 "거룩한 사람들"을 의미할 수도 있고, 중성 복수 2격의 "거룩한 것들"을 의미할 수도 있다. 이 때문에 전통적으로 세 가지 다른 해석이 존재한다.

첫째, 그것은 '성인(聖人)들과의 친교(fellowship with holy persons)'를 의미한다는 해석이다. 여기서 성인들이란 이미 죽어 천상에 있는 모든 시대의 순교자들, 족장들, 예언자들을 가리키는 것으로 이해되었다. 4세기 순교자들과 그 유물들에 대한 공경이 이러한 해석을 매우 광범위하게 받아들였다는 사실을 보여준다. 반(反) 종교개혁을 내세운 트렌트 공의회(16세기)는 성인들을 의무적으로 공경해야만 하는 것이 아니라, 이러한 성인들의 공경이 좋고 유익하다고 가르치고 있다.

둘째, 그것은 '성찬식에 참여하는 것(participation in the eucharistic elements)'을 의미한다는 해석이다. 여기서 "상토룸"은 거룩한 사람들이 아니라 성찬식의 빵과 포도주 같은 거룩한 것들을 지칭하는 것으로 이해된다. 성찬식에 참여함으로 사람들은 그리스도와 한 몸이 되며, 그 유익함과 공로를 서로 나누게 된다는 것이다. 이러한 해석을 대표하는 토마스 아퀴나스에 따르면, "모든 신앙인은 한 몸을 이루기 때문에, 한 사람에 속하는 유익한 것이 다른 사람들에게 전달될 수 있는 것이다. 따라서 교회 안에서 이러한 유익의 통공(*communio bonorum*)이 존재하며, 바로 이것이 우리가 상토룸 콤무니오(*sanctorum communio*)를 통해 이루어야 하는 것이다."

개인적으로 나는 성찬식과 식사가 유사하다고 생각한다. 사실 예수 그리스도와의 식사가 나중에 성찬식이 되었다. 성찬식을 통한 거룩한 교제는 우리가 고립된 존재가 아니라 다른 존재들에 대해 본질적으로 개방되어 있는 존재라는 것을 보여주는 귀중한 신앙의 통찰이다. 빵과 포도주를 통해 예수 그리스도의 몸과 피를 우리 몸에 모시는 일이 바로 성찬식이다. 그것은 우리가 하는 매일의 식사를 통한 동식물과의 거룩한 교제로 확장될 수 있다. 인간은 열려 있는 존재이다. 거룩한 교제는 인간만이 아니라 식물과 동물과 무생물까지 우주적으로 확장되어야 한다. 우리는 식사를 통해 다른 생명을 우리 생명의 한 부분으로 맞이하는 것이다. 식사는 다른 존재를 나의 음식이자 생명으로 내 존재 안에 받아들이고 모시는 일이며, 우주적인 존재의 나눔과 교제인 것이다. 식사는 자연과 인간의 교제이며, 생명과 죽음의 교제이다. 식사는 사귐이다. 그것은 일상의 성찬식인 것이다.

셋째, 마지막으로 그것은 '거룩한 사람들의 공동체(community of holy persons)'로서의 교회를 가리킨다는 해석이다. 이는 이미 앞에서 고백한 "거룩하고 보편적인 교회"에 대한 추가적인 설명이라고 보는 입장이다. 성도의 교제는 기독교인의 교제, 교회를 의미한다는 것이다. 이런 맥락에서 1530년의 아우크스부르크 신앙 고백은 제8항에서 교회란 "모든 신자들과 성도들의 모임(*congregatio Sanctorum*)"이라고 정의한다.

10

"죄를 용서받는 것을 믿습니다"

remissionem peccatorum

용서의 세례

원래 사도신경에서 "죄의 용서(*remissionem peccatorum*)"를 믿는다고 고백한 것은 바로 죄를 용서하는 세례를 가리킨다는 데 대부분 의견이 모아진다. 이러한 사실은 니케아-콘스탄티노플 신경에서 "우리는 죄의 용서를 위한 하나의 세례를 고백합니다"라고 말하고 있다는 것에서 분명히 드러난다. 세례는 기독교 신앙에 들어서는 가입예식이다. 물에 씻음으로써 혹은 물속에 잠김으로써 세례 예식이 진행되고, 이때 사제는 삼위일체 하나님의 이름으로 이 예식을 베풀게 된다. 한 사람에게 일생 한 번만의 세례가 주어지게 된다. 왜 물을 신앙의 가입예식에서 사용한 것일까? 물은 죽음과 재생을 동시에 상징하기 때문이다. 종교학자 엘리아데에 따르면, "부상(浮上)은 우주 창조의 형성 행위를 재현하고, 수몰(水沒)은 형태의 해체를 의미한다." 즉 창조에 대한 고대의 여러 신화에서 발견되는 것 중 하나는 큰 물결 가운데 갑자기 현현하는 섬이라는 이미지이다. 인류는 물에서 태어났다는 믿음도 있다. 반대로 또한 물은 뛰어난 살해자다. 아틀란티스의 신화 혹은 노아의 홍수 이야기에서처럼 주기적인 대륙의 수몰은 물이 죽음의 힘이라는 것을 동시에 보여준다. 하지만 수몰은 최종적 소멸을 의미하는 것이 아니라 새로운 생명을 위한 기다림의 시간을 뜻하는 것으로 이해된다. 물이 지닌 이중적 의미, 죽음과 생명의 의미 때문에, 기독교인들은 세례를 통해서 자연인으로서의 자신의 옛 정체성이 끝나고 기독교인으로서의 새로운 정체성이 시작되는 것으로 이해한다. 요컨대 세례는 자신의 죽음과 부활을 일종의 예식으로 재현하는 것이다. 존 크리소스톰에 따르면, "그것은 죽음과 매장, 삶과 부활을 나타낸다. …… 우리가 매장할 때처럼 물속에 머리를 담글 때, 옛 사람은 잠겨서 완전히 묻힌다. 우리가 물에서 나올 때 그와 동시에 새로운 인간이 나타난다."

죽음과 부활의 예식으로서 세례는 또한 죄를 없애는 예식으로 이해되었다. 물은 더러운 것을 씻는 세탁의 기능을 한다. 그것은 이전에 지은 모든 죄를 씻어내는 것이다. 그리고 세례는 일생 한 번밖에 받을 수 없는 것이기 때문에, 세례의 유일회성과 사죄의 유일회성은 서로 관련이 있는 것으로 초대 기독교인은 이해했다. 따라서 세례를 통해 죄가 용서된다는 주장은 세례를 가능한 대로 인생의 마지막으로 연기하는 악습을 초래하기도 하였다. 세례의 연기는 반복될 죄의 위험을 최소화할 수 있다고 생각했기 때문이다. 예를 들어 기독교를 공인한 콘스탄티누스 황제 자신은 죽기 진적에 세례를 받고 공식적으로 기독교인이 되었다고 전해진다. 그러나 현실적으로 죄스러운 신자의 거듭되는 범죄 때문에 '두 번째로 참회할' 가능성을 가질 수 있다는 주장이 3세기 이래로 제기되어왔으며, 점차 참회 제도와 면죄부 등을 통한 죄의 용서가 신앙생활의 일반적 현상이 되었다. 잘 알려진 것처럼 종교개혁자 마틴 루터는 이러한 제도들에 반대했으며 자신의 95개조 반박문 제1조에서 이렇게 주장했다. "우리의 주님이시며 선생이신 예수 그리스도께서 '회개하라'(마태 4:17)고 말씀하실 때, 그는 신자들의 전 생애가 참회되어야 한다는 것을 의미한다." 특별한 어떤 의식을 통해서가 아니라 삶 전체를 통해서 우리는 참회하고 죄의 용서를 구해야 한다는 것이다. 루터는 95개조 반박문 전체에 걸쳐 죄의 용서가 교황이나 면죄부나 교회의 예식을 통해서 가능한 것이 아니라 근본적으로 오직 하나님의 은총의 선물이라는 것을 강조한다. 죄의 용서를 믿는다는 것은 죄를 용서해주시는 하나님의 사랑을 믿는다는 말과 다르지 않다.

무엇이 죄인가?

죄는 종교적 개념이다. 그것은 법률적 범죄를 포함하지만 더욱 포괄적인 개념이다. 법률적으로 깨끗한 사람도 신앙의 눈으로 볼 때 죄인일 수 있다. 그리고 사실 모든 인간은 궁극적으로 죄인이라고 기독교 신앙은 고백한다. 무엇이 죄인가는 오직 하나님만이 명확히 알 수 있겠지만, 아우구스티누스는 죄를 '하나님으로부터의 뒤돌아섬'이면서 동시에 '피조물에게로 향해 돌아섬'이라고 표현했다. 방향이 잘못된 사랑이 죄인 것이다. 그는 영혼이 가질 수 있는 세 가지 잘못된 방향성에서 유래하는 죄를 설명한다. 영혼이 자신 위에 계신 하나님에 대한 영원한 갈망에서 돌아서서 자신의 개인적인 자아를 내적(內的)으로 좀 더 사랑할 때 "교만(*superbia*)"의 죄를 짓게 되고, 외적(外的) 존재들을 더 사랑할 때 "호기심(*curiositas*)"의 죄를 짓게 되며, 하향적(下向的)으로 자신보다 열등한 존재들을 더 사랑할 때 "욕정(*libido* 혹은 *concupiscentia*)"의 죄를 짓게 된다. "따라서 세 가지 부류의 사람들이 나누어짐을 볼 수 있다. 육체의 욕정은 저등한 즐거움을 사랑하는 자들을, 눈의 욕정은 호기심 많은 자들을, 이 세상에 대한 야망은 교만한 자들을 의미한다." 교만, 호기심, 욕정의 예들에서처럼 영혼 자신 속으로의 내향성(內向性), 영혼 옆으로의 수평적 외향성(外向性), 영혼 밑으로의 하향성(下向性)은 영혼이 가야 할 올바른 길이 아니다. 위를 향한 상향성(上向性) 혹은 상승의 사랑만이 영혼의 가장 올바른 방향성이라고 아우구스티누스는 생각한다.

개인적 죄(罪)는 종종 구조적 악(惡)으로 증폭된다. 다시 말해 죄의 이러한 삼중적 구조는 단지 개인적 차원에 머무르는 것이 아니라 구조적이고 사회적인 악의 차원으로 종종 객체화되는 것이다. 그렇게 객체화된 구조적 악은 개인적 죄의 총합 이상의 끔찍한 결과를 가져온다. 한스 큉은 교회가 이제

까지 성(性)이라는 매우 좁은 영역에서는 사람들에게 죄의식을 조장해왔으나 전쟁의 허용, 식민주의와 경제적 착취의 인정 등의 다른 영역에서는 터무니없이 너그러웠다고 지적한다. 미래의 교회는 죄의 사회적 얼굴을 더욱 주목해야만 할 것이라는 아픈 지적이다. "죄의 개인적·심리적 차원뿐 아니라, 사회적·역사적·구조적·생태학적 차원이 중요한 문제로 대두하고 있다"고 그는 말한다. 한나 아렌트의 책『예루살렘의 아이크만』에는 제2차 세계대전 당시 독일군 SS친위대의 수장으로서 유태인 대학살을 이끌었던 하인리히 힘러의 재판 진술을 담고 있다. 그는 죽음의 수용소에서 어떻게 자신들이 오랜 시간 동안 종종 유태인 어린이들까지 포함한 전체 가족들을 함께 학살했는지를 상세하게 진술하였다. 그는 자신의 대원들이 이러한 학살을 마친 후 저녁에는 자신들의 가족에게 돌아가서 아이들과 놀아주었을 것이라며, 그것이 결코 그들에게도 쉽지 않은 일이었다고 말한다. 히틀러의 하수인 하인리히 힘러는 대원들이 훌륭하게 임무를 완수한 것에 대해 고맙게 생각한다고 말한 뒤, 이렇게 끔찍한 모든 일에도 불구하고 "우리는 품위 있는(*anständig*, decent) 사람들로 남았다"라고 자랑스럽게 진술한다. 자신들을 품위 있는 괜찮은 사람으로 진심으로 여기고 있는 힘러의 도저히 읽기 힘든 진술을 보면서, 인간의 죄성이 구조적으로 증폭될 때 얼마나 자신을 눈멀게 하는지를 깨닫게 된다. 라인홀드 니버의 『도덕적 인간과 비도덕적 사회』라는 책은 어쩌면 『비도덕적 인간과 비도덕적 사회』라는 제목이 더 어울렸을 것이다.

용서할 권리는 누구에게 있는가?

이창동 감독의 영화 〈밀양〉은 하나님의 섭리와 인간의 고통 사이의 화해할 수 없는 상처를 집요하게 다루었다. 이 영화는 원래 이청준의 소설 『벌레 이야기』를 원작으로 만든 것이다. 소설에서 알암이라는 소년은 자신이 다니던 학원 원장에게 경제적 이유에서 살해당하게 된다. 공황 상태에 빠졌던 알암이 엄마는 새롭게 가지게 된 기독교 신앙의 힘으로 다행히 정상적인 모습을 점차 되찾게 된다. 아들을 죽인 살인범을 용서하리라 어렵게 마음먹고 사형을 앞둔 그를 만나기 위해 교도소로 찾아갔을 때, 알암이 엄마는 그가 이미 기독교인이 되어 자신의 죄를 하나님으로부터 용서받았다고 말하는 것을 듣는다. 그녀의 용서가 더 이상 필요치 않다는 것이다. 그녀는 절망한다. 그녀가 아직 용서하지 않았는데 하나님이 이미 자신을 용서했다고 살인자가 말하기 때문이다.

나는 새삼스레 그를 용서할 수도 없었고, 그럴 필요도 없었어요. 하지만 나보다 누가 먼저 용서합니까. 내가 그를 아직 용서하지 않았는데 어느 누가 나 먼저 그를 용서하느냔 말이에요. 그의 죄가 나밖에 누구에게서 먼저 용서될 수 있어요? 그럴 권리는 주님에게도 있을 수가 없어요. 그런데 주님께선 내게서 그걸 빼앗아 가 버리신 거예요. 나는 주님에게 그를 용서할 기회마저 빼앗기고 만 거란 말이에요. 내가 어떻게 다시 그를 용서합니까. …… 아내의 심장은 주님의 섭리와 자기 '인간' 사이에서 두 갈래로 무참히 찢겨 나가고 있었다.

소설 『벌레 이야기』의 결말은 영화 〈밀양〉과는 달리 알암이 엄마가 자살하는 것으로 끝난다. 이청준 작가는 알암이 엄마의 항변을 통해 과연 누가 용서할 권리를 가지는가라는 깊은 삶의 물음을 던지고 있는 것이다.

누가 용서할 권리를 가지는가? 희생자인가, 하나님인가? 유대인 율법학자들은 하나님만이 용서할 권리가 있다고 여겼다. 그러나 예수는 달리 생각했다. 가버나움에서 예수가 중풍병 환자에게 "이 사람아! 네 죄가 용서받았다"라고 말하자, 율법학자들은 마음속으로 "이 사람이 어찌하여 이런 말을 한단 말이냐? 하나님을 모독하는구나. 하나님 한 분밖에, 누가 죄를 용서할 수 있는가?"라고 생각했다.(마가 2:1-12) 복음서의 다른 부분에서 예수는 너그러운 왕과 악한 종의 비유를 말한다. 너그러운 왕 앞에 1만 달란트라는 큰돈을 빚진 종이 끌려오지만 왕은 그의 빚을 없애주었다. 그러나 그 종은 나가며 자기에게 1백 데나리온이라는 적은 돈을 빚진 동료를 만나자 그 동료를 감옥에 가두어버렸다. 왕은 그 빚진 종을 다시 불러 이렇게 말한다. "이 악한 종아, 네가 애원하기에, 나는 너에게 그 빚을 다 없애주었다. 내가 너를 불쌍히 여긴 것처럼, 너도 네 동료를 불쌍히 여겼어야 할 것이 아니냐?"(마태 18:21-35) 하나님이 인간의 죄를 용서한 것처럼, 인간도 서로의 죄를 용서해야 한다는 것이다. 그리고 예수는 어떻게 기도해야 하는지 모르는 제자들에게 이른바 주기도문에 대해 가르치며 이렇게 기도할 것을 명했다. "우리가 우리에게 죄 지은 사람을 용서하여 준 것 같이 우리의 죄를 용서해주소서."(마태 6:12) 인간이 서로의 죄를 용서한 것처럼, 하나님도 우리 죄를 용서할 것이라는 기도이다.

예수의 말은 용서에의 초대를 담고 있다. 하나님의 용서가 인간 서로의 용서를 필요 없게 만들지는 않는다는 것을 보여준다. 가족 구성원, 친구, 가해자와 피해자, 종교들 간에도 서로의 용서가 필요한 것이다. 모든 인간은 잠정적으로 가해자이며 동시에 피해자이다. 죄인이면서 의인이라는 역설적 상태를 벗어날 수 없는 존재이다. 그래서 우리는 용서하며 용서받아야 하는 것이다. 하나님이 인간을 궁극적으로 용서하실 것을 기독교인은 믿는다. 그러나 이러한 하나님의 용서가 인간의 용서할 권리, 아니 인간의 용서할 의무를 없애버리는 것은 아니라고 분명 예수는 가르치고 있다. 하나님의 절대적 용서와 인간의 상대적 용서는 둘 다 필요한 것이다. 그렇기에 사도신경의 죄의 용서에 대한 신앙 고백은 항상 예수의 주기도문의 빛 아래서 이해되어야 한다. "우리가 우리에게 죄 지은 사람을 용서하여준 것 같이 우리의 죄를 용서해주소서!"

11

"몸이 부활하는 것을 믿습니다"

carnis resurrectionem

기독교인은 정말 몸의 부활을 믿는가?

앞에서 예수의 부활에 대해 성찰할 때 이미 다음과 같은 것들을 기독교인이 신앙으로 고백한다고 밝혔다. 첫째, 예수의 몸의 부활은 예수에게만 일어나는 유일무이한 사건이 아니라 마지막 종말의 때에 모든 죽은 인간에게 일어날 보편적 몸의 부활 사건의 첫 열매이다. 둘째, 몸의 부활은 단지 죽었던 시체가 이전의 몸의 상태로 그대로 회복되는 것, 즉 몸의 소생이 아니다. 신약성서에서 예수의 몸의 부활은 나인성 과부의 아들의 몸의 소생이나 나사로의 몸의 소생과는 다르게 취급되고 있다. 셋째, 몸의 부활을 믿는 것은 플라톤주의의 영혼불멸설이나 불교의 영혼윤회설과는 다른 것이다. 넷째, 마치 애벌레의 고치가 죽어서 나비의 새로운 몸을 가지는 것처럼, 부활한 몸은 이전의 몸과는 질적으로 다른 어떤 것이지만 여전히 개인의 정체성은 유지된다. 따라서 몸의 부활을 믿는다는 것이 무엇인지를 여기서 다시 반복하기보다는 정말 기독교인은 몸의 부활을 믿고 있는지, 그리고 이렇게 믿을 때에 설명할 수 없는 난제는 없는지를 생각해보고자 한다. 던컨 맥두걸이라는 미국 의사가 영혼의 무게를 측정하려고 했던 실험과 장기이식이나 죽은 자의 화장과 같은 문제가 이러한 질문들과 관련이 된다.

영혼의 무게는 21그램인가?

1901년에 미국의 의사 던컨 맥두걸(Duncan MacDougall)은 죽음 직전에 있는 자신의 환자 6명의 동의를 구한 뒤에 그들의 침대를 커다란 저울 위에 올려놓고 죽음의 순간 어떤 체중의 변화가 생기는지를 관찰하는 실험을 하였다. 그는 자신이 이러한 실험을 하게 된 동기를 다음과 같이 밝히고 있다.

모든 철학자의 이론들과 철학들은 신체적 죽음 이후에도 개인의 인격이 계속 존재하는가라는 물음에 대해 어떠한 궁극적 대답도 제공하지 않는다. 죽음의 순간 몸을 점유하고 있는 공간의 무게가 측정 가능한 방식으로 사라진다는 사실 하나만으로도, 만약 그것이 증명될 수 있다면, 신체적 죽음에도 불구하고 살아남는 지속적인 개인의 인격이나 의식적인 자아가 존재한다는 것에 대한 중요한 근거를 제시할 것이다. 그것은 모든 종교적 신조들과 형이상학적 논란들을 다 합쳐놓은 것보다도 확실성에 있어서 더 가치가 있는 것이다.■

영혼의 무게를 달 수 있으면 인간의 불멸성을 증명할 수 있다는 것이다. 맥두걸의 진술은 20세기 이후 현대의 시대정신이 초대 교회나 중세의 그것과는 달리 과학적 실증주의와 물질론적 세계관에 의해 얼마나 영향을 받고 있는지를 잘 보여준다. 인류의 불멸성에 대한 믿음도 이제 신학이나 형이상학적 철학에서 해답을 듣기보다는, 과학적이고 물질주의적인 언

■ Duncan MacDougall, "Hypothesis Concerning Soul Substance Together With Experimental Evidence of the Existence of Such Substance," *Journal of the American Society for Psychical Research*, vol. 1, no. 5 (May, 1907), 244.

어를 통해서만 지지되거나 반증될 수 있다고 생각한 것이다. 맥두걸은 실험에 영향을 줄 수 있는 피부나 호흡을 통한 수분의 증발, 배설물의 무게 혹은 허파의 공기 무게 등을 모두 계산에 넣었다. 그러한 실험 결과, 환자들이 사망 직후에 대략 평균적으로 21그램의 무게가 감소했다는 것이다. 맥두걸은 동일한 실험을 15마리의 개에게도 실시했지만, 이 경우에는 아무런 무게의 변화를 감지할 수 없었다고 한다. 그는 실험 결과에 대해 이렇게 평가한다.

우리가 이미 알고 있는 체중 감소의 요인들로는 설명할 수 없는 3/4온스(대략 21그램)의 무게 감소가 죽음과 동시에 생겨났다. 그것은 무엇을 의미하는가? 내가 정말 영혼이라는 실체의 무게를 측정한 것인가? 몸에서 빠져나갈 때 자신과 함께 개인의 인격, 성격, 의식도 함께 가지고 나가는 그것의 무게를 측정한 것인가?

맥두걸은 자신이 인간 영혼의 무게를 측정했다고 믿었다. 개인적으로 나는 영혼이란 종교적 관념으로, 과학이 증명하거나 반증할 수 없다고 생각한다. 하지만 이 실험은 몸의 부활이 현대인들에게 얼마나 믿기 어려운 관념인지를 잘 보여주고 있다. 맥두걸은 죽음의 순간 빠져나가는 21그램의 무게를 지닌 영혼이 인간의 "인격, 성격, 의식"을 담지한 자기정체성과 자기지속성의 핵심이며, 신체적 몸은 불멸성의 문제에서 아무런 관심의 대상이 되지 못한다는 현대적 견해를 잘 보여주고 있다. 몸은 죽어서 흩어 없어지지만 불멸하는 영혼은 존속하게 된다고 고대인들의 영혼불멸설은 주장했다. 초대 기독교인이 몸의 부활에 대한 사도신경의 고백을 통해 맞서고자 했던 것은 바로 이것이었다. 현대인에게 과연 몸의 부활은 의미 있는 생각인가? 맥두걸의 실험은 기독교 신앙이 몸의 부활에 대해 설명할 때 이전 시대와는 아주 다른 방식으로 설명해야 할 필요성이 있다는 사실을 잘 보여주고 있는 것이다.

크게 세 가지 문제가 특히 현대적 논의에서 중요하다. 첫째, 몸의 부활을 고백하는 것은 물론 물리적인 신체의 부활 이상을 말하는 것이며 우리의 전체 인격을 구성하는 모든 것이 손실 없이 부활한다고 믿는 것이지만, 여기에 분명 신체의 부활도 포함된다는 사실을 간과할 수 없다. 그러나 우리는 경험적으로 신체의 부패와 훼손을 관찰할 수 있으며, 따라서 영혼 불멸설이 좀 더 매력적으로 생각되는 것이다. 둘째, 전통적인 몸의 부활 사상은 몸과 영혼이 분리되어도 우리의 인격이 어떤 식으로든 계속해서 존재하게 되며 이러한 분리된 몸과 영혼이 다시 결합될 것이라는 기대를 전제한다. 하지만 이성적 추론 능력, 기억, 감정 등의 정신적 활동을 철저히 물리적이고 화학적인 활동으로 사유하는 현대인들에게 이러한 분리의 가능성은 설득력이 낮다. 정신병적 증상들을 우리는 대부분 화학 약물을 통해 통제하고 있는 것이 현실이다. 셋째, 이러한 영혼과 몸의 잠정적 분리를 전통적인 기독교 신학이 전제하고 있지만, 사후세계에서 이 둘이 어떤 식으로 분리되어 존재하게 되는지에 대해서는 많은 신학적 이견들이 있다. 분명한 것은 몸이 부패한다는 경험적 사실이고 개인의 정체성은 결국 영혼의 그릇에 담기는 것으로 일반적으로 이해될 수밖에 없으며, 죽음과 최후의 심판 사이의 시차의 문제는 분명 어려운 신학적 난제이다. 그래서 교회도 죽음과 보편적 부활 사이에 놓인 인간의 개인적 정체성의 문제 때문에 영혼불멸설을 일정 정도 수용하였다. 판넨베르크도 지적하듯 1513년 이래로 로마 가톨릭교회는 영혼이 사멸하여 죽는다는 주장을 이교도적인 것으로 정죄했으며 영혼 불멸을 옳은 도그마로 승격시켰다는 것은 이해할 만한 시도이다. 요컨대 사도신경이 고백하는 몸의 부활에 대한 신앙은 몸의 경험적 소멸, 영혼과 몸의 낮은 분리 가능성, 죽음과 보편적 부활 사이의 시차 문제와 같이 현대인들이 직면한 문제들을 해결하는 방식을 성찰해야 할 것이며, 여기에서 일정 정도 영혼의 불멸 사상이 긍정적 역할을 수행할 수 있으리라고 생각한다. 몸의 부활이 궁극적으로 고백하는 것은 몸과 영혼의 영원불멸성이기 때문이다.

몸의 부활을 믿는다면 화장(火葬)을 할 수 있는가?

삶의 모습은 사후관에 반영이 되고, 또다시 사후관은 삶에서 죽음의 문화적 예식들에 반영된다. 종교는 자신의 사후관에 따라 어떤 독특한 종류의 장례 형식을 선호하기도 한다. 불교의 영혼윤회설은 화장이라는 장례 형식을 선호하게 만드는 반면, 기독교의 몸의 부활설은 매장이라는 장례 형식을 선호하게 만들었다. 힌두교와 불교 같이 윤회를 믿는 문화권에서 주로 화장이 행해지는 이유는 그것을 새로운 재창조를 위한 해체라고 믿기 때문이다. 몸이 기본적인 원소로 다시 조속히 해체되어야 다음 생으로 좀 더 빨리 태어날 수 있기 때문이다. 석가모니도 사후에 향나무를 겹쳐 쌓아 화장된 것으로 전해진다. 반면에 기독교, 유대교, 이슬람교 같이 몸의 부활을 믿는 종교들은 매장을 선호한다. 몸을 불태우는 화장을 하게 되면 나중에 부활의 때에 영혼이 돌아갈 몸이 없어진다고 믿기 때문이다. 오랫동안 가톨릭교회는 화장을 다음과 같은 두 이유에서 금지했다. 첫째, 화장은 몸의 부활을 부정하는 이방인들의 풍습을 따르는 것으로 보일 수 있다. 둘째, 몸은 성령의 성전으로 소중히 보존되어야 한다. 하지만 현대 기독교인들의 고민은 매장할 땅이 부족하다는 데 있다. 1963년에 바티칸은 화장 금지령을 철회하게 된다.

그렇다면 기독교인도 화장을 선택할 수 있는 종교적 이유는 무엇인가? 이와 관련된 몇몇 문제들을 보도록 하자. 1757년경 리용에서 있었던 기독교인 박해사건을 계기로 한 중요한 신학 논쟁이 발생했다. 기독교인들이 "몸의 부활"을 믿고 있다는 사실을 알게 된 이방인 박해자들은 죽인 순교자들의 시체를 불에 태운 다음 그 재를 모아다가 론 강에 던져버렸다. 그들은 이렇게 하면 이제 부활할 몸조차 사라지고 따라서 이 순교자들이 부활할 가능성도 사라지게 될 것이라고 생각했던 것이다. 여기에 대해 기독교 신학자들은 사망할 당시 신자의 최종 모습이 천국에서 그의 부활한 모습에 대해 물질적으로 아무런 의미도 갖지 못할 것이며, 이러한 파괴 과정을 통해 상실된 몸의 모든 부분들을 회복시킬 능력을 하나님은 가지고 계신다고 주장함으로써 응수했다. 이미 이러한 대답은 기원후 300년경에 올림포스의 메토디수스라는 신학자의 몸의 부활에 대한 설명에서도 주장된다. 어떤 사람이 아름다운 청동 조각상을 고의로 훼손했다고 가정해보자. 그것을 만든 예술가는 부서진 조각들을 다시 녹여서 훨씬 아름다운 새로운 조각상을 만들 수 있다. 이처럼 "하나님은 인간을 다시 한번 그 원래의 물질로 해체하여, 모든 결함이 제거되고 사라지는 그러한 방식으로 다시 주조하고자 하는 것이다. 조각상을 녹이는 것은 죽음과 신체의 해제에 상응하며, 재료의 재주조는 부활에 상응하는 것이다."

이와 유사한 문제가 다시 20세기에 와서는 순교 때문이 아니라 화장 때문에 생겨났다. 매장에 따르는 엄청난 고비용으로 인해 화장의 풍습이 기독교 국가들 안에서 점차 확산되어 감에 따라, 과연 화장은 부활에 대한 신앙과 양립 불가능한 것인가라는 의문이 제기되었다. 아마도 이 질문에 대한 가장 유력한 대답은 미국의 유명한 복음주의자 빌리 그래함에 의해 주어졌다. "화장과 관련하여 일부 그리스도인들이 염려하는 것은 몸이 완전히 소멸된다는 생각이다. 여기에서 우리는 우리의 사고를 바르게 정립할 필요가 있다. 우리의 몸은 화장을 하든 매장을 하든 마찬가지로 완전히 소멸한다. 우리 선조들의 무덤은 오늘날 더 이상 존재하지 않으며, 그들이 묻혔던 흙은 이미 오래전에 다른 곳으로 흩어졌다. 그러므로 우리는 몸이나 무덤에 어떠한 일이 생기든 그것은 부활과 아무런 상관이 없음을 분명히 인식해야 한다. …… 고린도후서 5장에서 바울은 벗거나 덧입을 수 있는 일시적인 장막집에 사는 것과 항구적으로 지속되는 영원한 집에 사는 것을 대조시키고 있다. 현재 우리의 몸은 잠시 우리가 거하는 천막이다. 한편 부활의 몸은 우리의 영원한 집이 될 것이다. 그 두 몸은 겉으로 보기에 비슷해 보일지 모르지만 실상은 전혀 다르다. 그러므로 화장은 부활에 있어 전혀 걸림돌이 되지 않는다." 요컨대 화장이든 매장이든 기독교인들은 몸의 해체를 궁극적으로 인정한다. 우리는 모두 흙에서 나서 흙으로 돌아간다. 하지만 동시에 기독교인들은 이렇게 해체된 몸을 종말의 때에 하나님이 다시 흙에서 모아들일 것이며, 자신들의 고유한 정체성을 지닌 인격으로 다시 만들 것이라고 믿는다.

몸의 부활을 믿는다면 장기이식을 할 수 있는가?

12세기 저작 『암갈색 암소의 책』은 부활한 몸과 관련하여 또 다른 문제를 제기한다. 이 책의 제목은 그것이 암소 가죽으로 만든 양피지에 기록되었기 때문에 붙여진 것이다. 만약 신자들이 사자와 같은 동물들에 의해 잡아먹힌다면 신자들의 사후에 어떤 일이 벌어지겠는가? 신자들의 몸은 없어져버렸고, 잡아먹은 동물의 일부가 되지 않는가? 이 물음은 아마도 목회 현장의 실제적인 사건을 다루고 있는 듯하다. 이 책의 주장에 따르면 인간의 몸을 구성하는 다양한 부분들은 그것이 아무리 서로 멀리 흩어지고 아무리 다양한 방식으로 분해된다 하더라도, 결국에 "최후 심판의 불"을 통해 "더 아름다운 형상으로 다시 만들어진다." 하지만 이 책은 신자들이 죽는 장소의 정확한 위치에 대해서는 중요하게 생각한다. "들짐승에 의해 집어삼켜지고 시체가 갈기갈기 찢겨져 여러 곳에 흩어진 사람들은 그것들을 한데 모아 새롭게 만드시는 주님의 능력과 목적에 따라 다시 일어나게 될 것이다. …… 이러한 경우, 그 사람들은 그들이 집어 삼켜지고 그 시체가 흩어지게 된 바로 그 장소에서 다시 살아날 것이다. 왜냐하면 바로 그곳이 그들의 무덤으로 간주되기 때문이다."

아마 유사한 논리가 장기기증과 장기이식의 문제에도 적용될 수 있을 것이다. 장기기증을 통해 자신의 몸의 일부가 타인의 몸의 일부가 된다는 것은 생명의 나눔이며 사랑의 실천이다. 우리는 김수환 추기경 같은 존경받는 기독교 지도자가 각막을 기증하고 세상을 떠나신 것도 알고 있다. 그러나 이렇게 이식된 몸의 부분은 부활의 날에 누구의 몸의 부분이 될 것인가? 기증한 자의 몸인가, 기증받은 자의 몸인가? 우리는 이미 앞의 훼손된 동상의 예에서 화장이 몸을 부활시키는 데 아무런 어려움을 주지 않는다고 기독교인이 믿었다는 것을 알았다. 하지만 장기이식의 문제는 조금 다르게 보인다. 훼손된 동상이나 부패한 사체는 그 요소들이 어느 정도 독립적으로 남게 되지만, 장기이식이나 동물에게 잡아먹히는 경우는 몸의 부분들이 다른 존재에 의해 공유되기 때문이다. 하지만 궁극적으로 볼 때 이 두 경우는 본질적으로 동일하다. 장기이식이나 동물에 잡아먹히는 경우가 화장이나 훼손된 동상의 경우보다 더 많은 어려움을 주는 것은 아니다.

우리는 고립된 존재로 한 번도 존재하지 않았다. 우리의 몸은 과거에도 현재에도 미래에도 관계들의 총합이기 때문이다. 현재 당신의 몸을 구성하고 있는 물질 중에서 아마 당신이 태어났을 때 가졌던 물질은 조금도 남아 있지 않을지도 모른다. 그리고 사실 태어날 때 당신의 몸 자체도 다른 이의 몸의 일부를 나누어 받은 것이다. 머리카락이 빠지고 손톱을 깎으면 우리 몸의 일부분이 상실되지만 여전히 우리의 몸이다. 과식으로 체중이 불면 우리 몸은 추가적인 부분을 갖게 되지만 여전히 우리의 몸이다. 인간의 몸은 항상 자기갱신적인 창조적 관계의 총합이다. 20세기의 마지막 위대한 형이상학자 화이트헤드는 자신의 저작『과정과 실재』에서 실재가 바로 과정이라는 것을 웅변적으로 보여주지 않았는가? 가장 대표적인 것이 식사 행위이다. 우리는 음식과 배설을 통해 매 순간 자신의 몸을 갱신해가며 타자의 존재를 자신의 몸의 일부로 받아들이고 자신의 몸의 일부를 타자의 존재를 위해 떼어낸다. 헌혈과 수혈도 마찬가지다. 세포분열도 마찬가지다. 생명은 나누면서 자기갱신을 하는 창조적 과정이다. 장기이식은 좀 더 빠른 속도로 동일한 관계적 나눔의 과정을 진행시킨 것일 뿐이다. 그리고 이미 『암갈색 암소의 책』은 동물의 몸의 일부가 되어버린 신자의 몸의 경우도 하나님이 훨씬 아름다운 모습으로 부활시킬 것을 기독교인이 믿는다는 것을 보여준다. 그렇다면 장기이식의 문제도 동일하게 해결될 것이다. 물론 어떤 기독교 텍스트도 하나님이 어떤 구체적 방식으로 우리의 부활의 몸을 다시 구성하실지 오늘날의 자연과학적 언어를 통해 말하고 있지는 않다.

우리는 '어떻게' 몸의 부활이 이루어질 것인지를 지식적으로 안다고 주장할 수 없다. 그러나 '왜' 하나님이 몸의 부활을 일으키실 것이라고 믿는지는 종교적으로 설명할 수 있다. 몸의 부활 없이는 희생자의 고통은 보상받지 못한 무의미한 고통으로 남게 되고, 하나님의 정의도 설명할 수 없기 때문이다. 가톨릭 신학자 한스 우어 폰 발타자는 이렇게 말한다.

모든 지상에서 고통당하는 자들, 그들의 고통에서 아무런 의미도 발견할 수 없는 자들에게 그것은 얼마나 큰 희망인가! …… 가장 끔찍한 고통 속에서, 아우슈비츠와 같이 지상의 언어로는 도저히 설명할 수 없는 고통 속에서, 우리 기독교인들은 무의미한 그러나 동시에 숨겨진 필연성을 지닌 그리스도의 십자가에 신비스러운 가까움을 느끼게 된다. 세계 역사의 모든 공포는 골고다에서 일어난 하나님에 의한 하나님을 버린 사건에 결코 비할 수 없을 것이지만, 그 모든 것은 이 사건 안으로 모아들여지고 거기에 보전될 것이다.■

몸의 부활만이 몸으로 고통당하고 죽임당한 모든 희생자들을 진정 의미 있는 방식으로 회복시킬 수 있다. 몸이 없는

■ Hans Urs von Balthasar, *Credo: Meditations on the Apostles' Creed* (San Francisco: Ignatius Press, 1990), 97.

인간의 부활은 그 사람의 부활이 아니기 때문이다. 이처럼 죽음 후에 인간의 부활이 있다는 것은 많은 믿음을 요구하는지도 모른다. 하지만 죽음 후에 아무것도 일어나지 않는다는 것도 동일한 정도의 믿음을 요구하는 듯하다. 간단히 말해 인간은 죽음 이후를 모른다. 죽음 이후는 지식의 영역이 아니라 희망의 영역이기 때문이다. 그리고 기독교인은 예수의 부활에서 신앙의 동전이 어떤 방향으로 던져질지 그 희망의 근거를 본다.

12

"영원히 사는 것을 믿습니다"

et vitam aeternam

몸의 부활은 이미 영생이 아닌가?

혹자는 이미 사도신경이 몸의 부활을 고백하였는데 왜 "영원한 삶(*vita aeterna*)"을 추가적으로 언급하고 있는지 궁금해 할 수 있을 것이다. 죽었던 몸이 부활했다면 당연히 영원히 살게 되는 것이 아닌가? 하지만 초대 기독교인들은 그렇게 생각하지 않았다. 그들은 언젠가 죽음에서 부활한다는 것을 믿는 것과 그 이후에 영원히 사는 것은 전혀 별개의 문제라고 여겼다. 몸이 부활했지만, 부활한 몸이 다시 죽을 수도 있다고 생각했기 때문이었다. 그래서 초대 기독교인들은 최후의 심판 때에 자신들이 그리스도처럼 부활할 것인지, 아니면 나사로처럼 소생했다 얼마 후 다시 죽을 것인지를 염려했던 것이다.

421년경에 아우구스티누스가 쓴 것으로 믿어지는 설교문은 이러한 신자들의 걱정을 간접적으로 드러낸다. "이제 몸의 부활과 관련하여, 난 간략하게 그것을 설명할 방법이 없다. 그 것은 죽음에서 소생하였지만 나중에 다시 죽은 몇몇 사람들의 경우와 같은 것이 아니라, 영원한 생명으로 부활한 그리스도 의 몸과 같은 것이기 때문이다." 이렇게 말한 뒤 아우구스티누 스는 신자들의 부활이 나사로의 전례를 따르는 것이 아니라 예수 그리스도의 전례를 따를 것이라는 점을 상세히 논의했 다. 같은 이유에서 요하네스 크리소스토무스는 이렇게 적고 있다. "부활에 대한 언급이 전체 교리를 모두 설명하는 데 충 분하지는 않다. 왜냐하면 구약의 인물들, 나사로 그리고 십자 가의 때에 다시 살아났던 이들의 예가 보여주듯, 많은 사람들 이 무덤에서 일어났지만 다시 죽었기 때문이다. 그래서 당신 들은 '그리고 영원히 사는 것을 믿습니다'라는 것을 긍정하도 록 지시받은 것이다." 요컨대 초대 기독교인들은 영원한 삶이 몸의 부활을 완성시키는 것으로 생각했다.

천국은?

비트겐슈타인은 자신의 『논리철학논고』를 이렇게 마치고 있다. "말할 수 없는 것에 대해 우리는 침묵해야 한다." 세계와 인간의 마지막 운명에 대해 우리가 언어로 말할 수 있는 것이 얼마나 되겠는가? 그러나 언어의 한계에도 불구하고 인류는 죽음 너머의 세계에 대한 끝없는 동경을 종교적 언어로 표현해왔다. 불교는 탐, 진, 치가 없고 번뇌가 끊긴 적멸의 "열반"을 말하였다. 이슬람의 꾸란은 현세적 행복이 가득한 "더할 나위 없는 기쁨의 정원"에 대해 말하였다. 그리고 기독교는 천국 혹은 하나님의 나라에서의 "영원한 삶"에 대해 말하는 것이다.

기독교가 말하는 영생은 죽음 이후의 어떤 일회적인 사건을 가리키는 것이 아니라, 죽음 이후의 변하지 않고 영원히 지속되는 어떤 우주적 혹은 초우주적 상태를 가리킨다. 그래서 니케아-콘스탄티노플 신경은 영생을 "다가올 세계의 생명" 혹은 "내세의 생명(life of the world to come)"이라고 표현한다. 영생이란 미래 세계, 내세, 새롭게 창조된 새 하늘과 새 땅에서 누리게 될 하나님과 함께하는 삶을 가리키는 것이다.

다가올 천국에 대한 가장 감동적인 묘사는 구약성서 이사야서에 등장한다. 여기서 천국의 모습은 식량을 위해 서로 죽여야 하는 자연법칙의 필연성을 넘어서는 절대 평화의 채식주의를 보여주고 있다. 생존하기 위해 죽여야 하는 생존법칙이 송아지와 새끼 사자가 같이 풀을 뜯는 평화의 법칙에 자리를 내어주는 것이다.

그 때에는, 이리가 어린 양과 함께 살며, 표범이 새끼 염소와 함께 누우며, 송아지와 새끼 사자와 살찐 짐승이 함께 풀을 뜯고, 어린 아이가 그것들을 이끌고 다닌다. 암소와 곰이 서로 벗이 되며, 그것들의 새끼가 함께 눕고, 사자가 소처럼 풀을 먹는다. 젖 먹는 아이가 독사의 구멍 곁에서 장난하고, 젖 뗀 아이가 살무사의 굴에 손을 넣는다. 나의 거룩한 산 모든 곳에서, 서로 해치거나 파괴하는 일이 없다.(이사야 11:6-9)

아우구스티누스는 자신의 『신국론』 22권의 마지막 부분에서 천국을 이렇게 묘사한다. "사도가 말한 것처럼(빌립보 4:7) 그곳에는 '모든 이해를 초월하는 하나님의 평화'가 있다." 아우구스티누스에게 천국은 곧 하나님을 보게 되는 만남의 장소를 의미한다. 천국에서 "성도들이 영적인 몸으로 무슨 행동을 할 것이냐고 나한테 묻는다면…… 내 말은 이렇다. 그 육체로 하나님을 뵈올 것이다." 거기에는 더 이상 식사나 노동이나 생식의 필요성이 없이 하나님을 찬미하는 기쁨만 있을 것이라 기대한다.

어떤 악도 존재하지 않고, 어떤 선도 감추어지지 않고, 모든 것에게 모든 것인 하나님께 찬미를 드리는 데 모든 시간을 쓸 만큼 여유 있는 곳이라면 그 행복은 얼마나 크겠는가! …… 모든 지체와 장기가 지금은 필요상의 다양한 용도에 따라서 배치되어 나름대로 역할을 하지만, 썩지 않는 몸의 모든 지체와 장기가 그때는 저런 필요성이 없겠고 충만하고 확실하고 안전하고 영구한 행복만이 있을 터이므로, 하나님께 찬미를 드리는 데만 소용될 것이다.

거기에서는 육체의 이동이 영의 의지에 따라 자유롭게 이루어질 것이다. "물론 영이 원하기만 하면 육은 당장 영이 가고 싶은 그곳에 가 있을 것임이 틀림없다. 그리고 영에든 육에든 합당치 않을 수도 있는 것이라면 영이 그것을 원하는 일이 없을 것이다." 거기에서는 다시는 인간의 자유의지가 죄를 짓고자 원하지 않을 것이다. 새롭게 받게 될 최후의 자유의지는 죄를 지을 수 없는 자유를 가질 것이기 때문이다. "인간이 처음에 올바로 창조되었을 때 인간에게 주어진 최초의 자유의지는 죄를 짓지 않을 수 있었으나 또한 죄를 지을 수도 있었다. 그 대신 받게 될 최후의 자유의지는 그보다 훨씬 강화되어 그 자유의지로는 죄를 지을 수 없을 것이다." 거기에서는 다시는 죽지 않을 것이다. "최초의 불사불멸은 죽지 않을 수 있는 것이었으나, 아담이 죄를 지어 그것을 잃어버렸다. 최후의 불사불멸은 죽을 수 없는 것이다." 거기에서는 노동의 필연성도 없을 것이다. 마침내 인류는 영혼과 육체의 강박적인 노동에서 벗어나 하나님이라는 위대한 쉼을 허락받게 될 것이다. 아우구스티누스는 『신국론』을 이렇게 끝맺고 있다.

그때는 저녁이 없는 참으로 위대한 안식일이 될 것이다. …… 그때 우리는 쉬면서 그분이 하나님임을 보리라. …… 그때 우리는

쉬면서 보리라. 보면서 사랑하리라. 사랑하면서 찬미하리라. 끝
없는 끝에 이루어질 것이 바로 이렇다! 우리의 끝이란 끝이 결코
없는 나라에 도달하는 것이 아니고 또 무엇이겠는가?"

천국의 거부자들

천국은 정말 이럴까? 우리는 모른다. 우리가 알았다면 신
앙의 동전 던지기는 애당초 성립하지 않았을 것이다. 이러한
천국에 대한 희망은 경험적 진술이 아니라 종교적 직관에 기
초한 상징적 진술이라는 것을 잊어서는 안 된다. 상징적 진술
은 상징적 진술로서 가치가 있는 것이다. 우리는 자신의 죽음
이전에 이것들을 증명하거나 반증할 아무런 방법도 없다. 이
미 죽은 자는 증명하러 돌아오지 않는다. 이른바 임사체험을
한 경험자들의 진술이 분명 존재하지만 그것은 매우 문화적으
로 형성되고 코드화된 문화적 산물이다. 그래서 소련의 서기
장 흐루시초프가 인공위성을 하늘에 쏘아올린 뒤 거기에서 천
국을 발견하지 못했다고 자랑한 것을, 난 그가 종교를 오해했
다고 생각할 뿐이다. 천국은 증명이나 반증의 대상이 아니라

희망의 대상이다. 여기서 희망이란 쿠사의 니콜라스가 "배운 무지(learned ignorance)"라고 부른 것과 비슷할 것이다.

혹자는 이렇게 반론을 제기할지도 모르겠다. 천국이 있는지 없는지를 밝히는 것이 불가능하다는 것을 모르는 게 아니라, 천국이 약속하고 있는 것들이 전혀 이해가 불가능하거나 가치가 없다고 말하는 것이라고. …… 여기에 중요한 질문들이 분명 존재한다. 예를 들어 프랑스의 유전공학자 알베르 자카르는 "영원한 삶"이라는 것은 논리적으로 모순된 개념이기 때문에 "내용이 텅 빈 선물"이라고 보았다. 영원성이란 시간이 흐르지 않는 상태를 의미할 것이지만, 생명이란 아이·청소년·성년·노년의 과정에서처럼 시간을 떠나서 상상할 수는 없기 때문이라는 것이다. 자카르의 지적처럼 우리는 불멸성을 시간의 끝없는 지속으로 이해하는 데 좀 더 익숙한 것이 사실이다. 그렇지 않다면 그것은 텅 빈 개념이다. 현대인이 상상할 수 있는 불멸성은 시간 속의 불멸성이지, 영원한 불멸성이 아니기 때문이다. 우리가 이해할 수 있는 자신의 불멸성은 인간 복제를 통한 유전공학적 불멸성이나, 자녀들을 통한 대리적 불멸성이나 혹은 명성을 통한 사회적 불멸성과 같은 것이다.

이것들은 모두 시간 속에서의 불멸성이다. 그리고 철학자 화이트헤드의 객체적 불멸성이라는 개념도 이것들과 유사하게 시간의 끝없는 지속에 기초한 것이지 초시간적 영원성에 기초한 것은 아니다.

요컨대 우리의 현대적 사유에서 영원한 삶은 모순처럼 들린다. 영원하다면 삶이 있을 수 없고, 삶이 있다면 영원할 수 없다고 생각하기 때문이다. 이런 사유 체계에서 영원한 삶이란 설혹 상상할 수 있다고 하더라도 매우 지루하고 반복적인 것처럼 들린다. 한스 큉은 이런 재미있는 불평을 전해주고 있다. "전통 신학은 이 세상을 초월하는 '하늘'에서의 영원한 삶을 너무 지루하고 정적으로 묘사했고, 무한히 계속되는 역동적인 전개과정도 제시하지 못했다. 토마(L. Thoma)의 유명한 풍자 촌극에서, 하늘의 구름 위에서 끊임없이 할렐루야를 불러야 하는 벌을 받은 한 뮌헨 사람이, 이 세상 삶을 그리워하여 사랑하던 양조장으로 되돌아오려 한다 해서 놀랄 것이 없다." 노래 못 하는 사람들에게 영원히 찬송가만 불러야 하는 천국은 결코 매력적이지는 않을 것이다.

되돌아감으로서의 종교

그러나 이런 반응은 어쩌면 우리 사유의 빈곤을 드러내는 것이 아닐까? 영생은 시간의 정지나, 고무줄처럼 시간의 끝없는 연장이 아니라, 시간의 초월이다. 교황 베네딕토 16세는 영원한 삶이 페넬로페(Penelope)의 신화에서처럼 단순한 반복이 아니라고 한다. 페넬로페의 신화는 남편인 오디세우스가 멀리 떠난 동안 다른 남자들의 성화를 모면하기 위해 낮이면 융단을 짜고 밤이면 짠 것을 도로 풀곤 하면서 융단을 다 짜면 청혼을 받아들이겠다고 한 그의 아내에 대한 이야기이다. 모든 신화론적이고 대중적인 묘사들을 다 벗어버렸을 때 영원한 생명이란 바로 하나님에게 돌아감을 가리키는 것 외에 다른 말이 아니다. 영원은 시간의 반대 개념이 아니라, 세상의 반대 개념이다. 곧 하나님이 영원인 것이다.

영원한 삶이란 하나님에게 되돌아감, 천상병 시인이 "귀천"이라고 부른 되돌아감이다. 태초에 무로부터의 창조(*creatio ex nihilo*)가 곧 하나님으로부터의 창조(*creatio ex deo*)였던 것처럼, 마지막에 무로 되돌아감이란 곧 하나님에게로 되돌아감이다. 종교란 바로 이러한 존재의 되돌아감에 대한 궁극적 직관이다. 한스 큉이 지적하듯, "인간들 및 사물과의 모든 관계가 천천히 끊어지는 가운데 우리는 저 유일한 결합, '되돌아가 결합됨(*re-ligio*)'을 믿고 바란다." 종교(*religio*)란 되돌아감(*re-ligio*)이다. 세계의 시작과 마찬가지로, 세계의 마지막에 허무가 아니라 하나님이 계신다는 것을 믿고 그곳으로 되돌아간다는 것을 믿는 것이다. 이때에 하나님을 만나고 자신이 존재해야 했던 이유, 천상병 시인이 말한 소풍 갔다 온 이유를 발견하게 될 것이라는 희망이다. 기독교 철학자 헤겔은 그래서 영원을 영과 영이 마침내 만나게 되는 인격적 사건이라고 여긴다. "영원성이란 마치 산(山)들이 견디어내듯이 단지 지속이 아니다. 오히려 영원성은 앎이다. 이렇게 이해되었을 때, 영원성은 영(靈, Geist) 그 자체인 것이다." 영원성이란 산이나 돌멩이처럼 끝없이 시간 속에 지속되는 것이 아니라, 소풍 갔다 되돌아온 자식을 맞이하는 어머니처럼 유한한 영과 무한한 영이 화해하게 되는 우주적 드라마의 종결이다. 이때 비로소 알게 되리라, 그가 바로 우리가 사랑이라 부른 존재라는 것을. 우주가 단지 차가운 운명의 버려진 사생아가 아니라, 그 사랑 안에서 안전하다는 것을. 중세 영국의 여성 신비주의자 노위치의 줄리안은 그 사랑을 이렇게 경험한다.

그는 내게 아주 작은 어떤 것, 헤이즐넛 열매만 한 것을 내 손바닥 위에 올려놓고 보여주셨다. 그것은 공처럼 동그란 모양이었다. 그걸 바라보며 난 생각했다: '이게 무얼까?' 그리고 난 이런 대답을 들었다: '그건 창조된 모든 것이다.' 어떻게 그것이 계속 존재할 수 있는지 난 놀라웠다. 그것은 너무도 작아서 갑자기 없어져버릴 것 같았기 때문이다. 그리고 난 마음속에서 이런 대답을 들었다: '그것은 있고, 그것은 항상 있을 것이다. 하나님이 그것을 사랑하시기 때문이다. 모든 것은 하나님의 사랑을 통해 존재한다.'

그렇게 우리의 좋으신 주님은 내가 생각할 수 있는 모든 질문들과 의문들에 대답해주시며 이렇게 따뜻하게 위로하셨다: '내가 모든 걸 안전하게 만들고자 한다. 내가 모든 걸 안전하게 만들 수 있다. 내가 모든 걸 안전하게 만들 것이다. 그리고 너는 모든 것들이 안전한 것을 네 스스로 보게 될 것이다.'